U0723577

中国2015
看清新常态

中国国家智库谈政经大趋势

吴敬琏　厉以宁　皮凯蒂　林毅夫

许小年　周其仁　李稻葵　陈有西

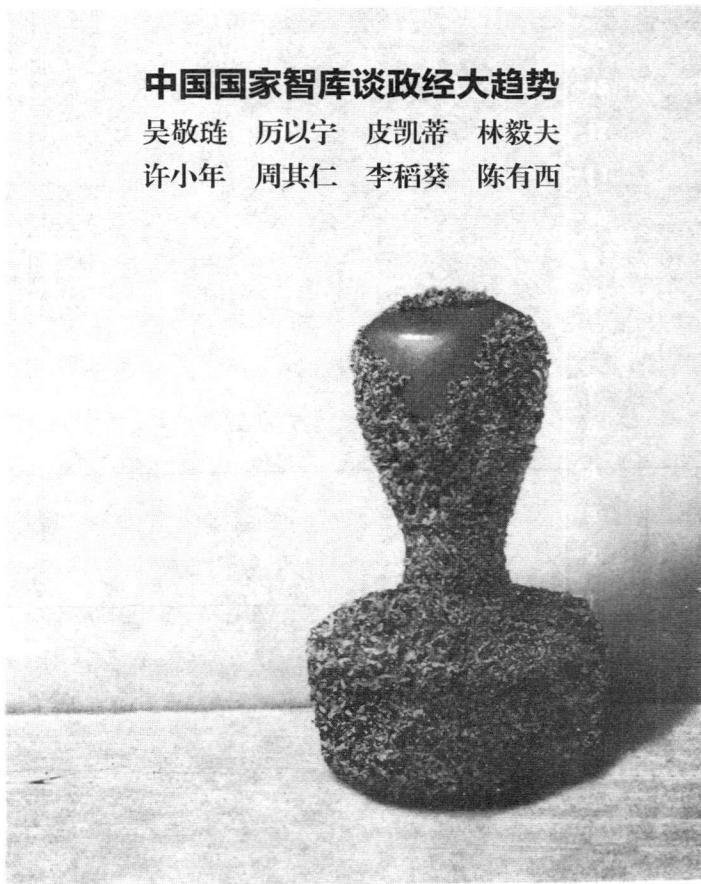

CHINA 2015

胡舒立 / 主编

民主与建设出版社

图书在版编目（CIP）数据

中国 2015：看清新常态 / 胡舒立主编；吴敬琏等著. —北京：民主
与建设出版社，2015.3
ISBN 978-7-5139-0381-3

Ⅰ. ①中⋯ Ⅱ. ①胡⋯②吴⋯ Ⅲ. ①中国—概况— 2015 Ⅳ. ① K92

中国版本图书馆 CIP 数据核字（2015）第 005471 号

中国 2015：看清新常态

出 版 人	许久文	
责任编辑	王　颂	
装帧设计	崔振江	
出版发行	民主与建设出版社有限责任公司	
电　　话	（010）59417745　59419770	
社　　址	北京市朝阳区曙光西里甲 6 号院时间国际大厦 H 座北楼 306 室	
邮　　编	100028	
印　　刷	天津兴湘印务有限公司	
开　　本	170mm×240mm	
印　　张	17.5	
字　　数	260 千字	
版　　次	2015 年 3 月第 1 版　2020 年 12 月第 2 次印刷	
书　　号	ISBN 978-7-5139-0381-3	
定　　价	39.80 元	

注：如有印、装质量问题，请与出版社联系。

新常态 新一年

过往的一年，是积极拓进和充满期待的一年，我们为改革和发展取得的成就而欣慰，也对若干领域和环节的改革进展不畅而担忧。2014年下半年以来，"新常态"成为财经领域的高频词，其内涵之一，就是改革深水区的"拉锯战"。在新的一年里，观察中国现实仍可聚焦于"新常态"，继续落实中共十八届三中全会和四中全会两个决定的相关任务会成为最重要的看点，全面改革方案落地的步骤会加快，力度会加大，而道路仍将充满曲折。

2014年的中国经济，已经从改革进展中获得红利。中央政府力推简政放权、混合所有制、户籍等改革。金融领域的利率市场化等项改革快于市场预期。特别是工商登记便利化和营改增改革已初见成效，这是经济增长"减速不减势、量增质更优"的根本原因。不过，比起未来更为重大、更具突破性的改革，今年仍只是牛刀小试。经过一年多的准备酝酿，全面深化改革的需求更加迫切，条件也更加成熟。倘若新一年能摆脱意识形态的束缚，克服既得利益集团的阻碍，在一些关键领域取得突破，将显著提高资源配置效率，促进社会公平。

新常态是新改革的引领目标，也会为进一步改革提供良好的环境；而新改革是新常态的发动机和推进器，是达到新常态的唯一途径。

2014年年末召开的中央经济工作会议对新常态做出了权威的界定，并强调了中国经济发展方式正从规模速度型粗放增长，转向质量效率型集约增长等新旧转换特征。不难看出，新常态是"进行时"，而非"完成时"。超越经济领域，当今中国的新常态特征还表现在：强烈的改革诉求和巨大的利益集团阻力并存；民间不可压抑的活力和顽固的桎梏并存；百姓公民意识的觉醒和现实的阻碍并存。在这一阶段，新旧因素交织缠绕，旧观念、旧体制如同百足之虫，死而不僵。欲除旧布新，平稳抵达理想彼岸，唯有全面深化改革。

我们不应忘记，改革蓝图是何等来之不易。中共十八大前后，多种思潮曾激烈碰撞交锋，而现有的顶层设计，正是可涵盖"社会最大公约数"的改革方案。在这个意义上，方案所定的目标、范围、深度乃是今后改革应坚持的底线，在土地、国有企业、司法等分歧较多的领域不容动摇，更不应后退。对改革蓝图最好的珍惜，便是义无反顾地将其变为现实。

目前，中国改革进入了顶层设计制定后的紧张施工期，是"攻坚期中的攻坚期""深水区中的深水区"。在此阶段，改革方案落地，一方面有着迫切的现实需求，一方面难度却不断增大。"大有大的难处"。中国幅员辽阔，各地发展不平衡，社会利益格局空前复杂，形成改革共识不易，将改革决策付诸实施则更为不易。

为了让改革方案"穿透"旧体制、旧观念盘踞的堡垒，使改革取得突破，需要有清晰的战略。在这里，首先，应坚持问题导向、发展导向，围绕发展面临的突出问题推进改革。实施顺序并非要机械遵循顶层设计，但是，相机抉择不能成为畏难避险的借口。其次，要坚持实践导向。制定改革方案，需在对现实情况有准确把握、清楚认识的基础之上，要摒弃那种高坐机关大院却轻率决定千千万万人命运的政策倾向。再次，还要坚持效果导向。改革的目标要让公众知晓，改革的举措要让公众评判，改革的成果要让公众享有。如此，改革方可言落地。

对改革策略的把握，也要适时做出调整。过往30多年，"试点先行、全面推广""摸着石头过河"曾是中国的宝贵经验。如今，这样的策略仍然有意义，但也要警惕"试而不推""摸而不过"，更多增加对改革问责的制度性安排，注重改革举措的标志性、关联性作用。决策层提出改革立法先行，无疑有助于促进顶层设计和底层的实践和经验的结合。改革落地，还须抓住关键"节点"。比如，上海自贸区因立意高远、涉及面广而备受关注，及时将其经验扩大到天津和深圳等地，当有助于提升中国对外开放水平。

2014年"反腐风暴"持续推进，周永康、徐才厚、令计划等人的落马，表明了决策层切除腐败毒瘤的决心。但高层腐败分子曝光，也使现存体制的痼疾更加凸显，铲除腐败土壤的需求更为迫切。2015年的改革必然伴随着反腐的深化，这势必要求执政党切实推进法治建设，推进政治体制改革，真正"把权力关进笼子"，从制度上堵塞腐败的源头。反腐为改革清路，而反腐成果也需改革来巩固，这正是新常态的题中应有之义。

2015年，是"十二五"规划的收官之年，也是"十三五"规划的酝酿之年。未来六年的征程必然艰辛而壮美，2015年由此显得格外关键。对2015年的改革攻坚，我们满怀期待。

目录
CONTENTS

第一篇
经济新常态

旧模式难以为继，新常态下要记住这几点

吴敬琏
著名经济学家、国务院发展研究中心研究员

旧常态已经不能维持了，这是一个不争的事实

　　所谓旧常态，就是用高投资支撑高速度。这种旧常态，中国已经维持了30多年。显然，这种旧常态已经不能维持了，这是一个不争的事实，没有什么可讨论的。

　　实际上，中国经济的增长从2010年的第三季度就开始逐步下行，进入了一个下行的通道。2009年的强刺激以后，中国的GDP曾经维持过三个季度以上的增长，然后就进入了下行的通道。在2010年的第三季度，降到了10%以下，到今年的第三季度，降到了7.3%，其间虽然有好几次宏观经济的刺激动作，但对于支持GDP的回升来说，效果越来越不明显。

　　从今年（2014年）第二季度开始，又开始了一轮新的刺激动作，但第二季度的GDP增长率仅提高了0.1个百

分点，接着又下来了。10月又开始了一轮投资上的扩张，但这次收效更微。

这说明什么问题呢？GDP增长的速度下降了，是许多客观因素决定的，而且这些因素都不是短期的因素，所以旧常态已经不能维持，中国经济进入了一个逐步下行的通道。什么因素决定了中国的经济增长率从高速增长逐渐下行到中速增长？我想我已经多次说过，我们现在通常运用的一种分析理论框架就是"三驾马车"，用它来预测中国的中长期增长，从方法论上来说，我们就错了。

讨论中长期增长的趋势没有太大的争议，但应该用经济学上所谓的"生态函数"来讨论，也就是说，支持经济增长的这些因素的变化，决定了经济增长的总量以及增长的趋势。哪些因素呢？不外乎劳动力、资本、效率等，这些因素决定了中国过去很多年经济的高速增长。

第一个因素是新增劳动力。我们知道，中国有人口红利，人口红利支撑了过去这30年的高速增长，新增的劳动力、新生的劳动力，还有农村转移到工商业的劳动力都很强劲。

第二个因素是投资，投资支撑了经济的高速增长。

第三个因素是生产率，全要素生产率或者效率的提高支撑了经济的增长。

但是，从21世纪以来，这些基本因素发生了许多变化，使得它们不再能支持很高的增长速度。

具体来说，首先是新增劳动力。早在2002年，中国社会科学院的蔡昉教授就提出刘易斯拐点出现了，人口红利逐步缩减，以致消失。

其次是投资。其实，从第一个"五年计划"以来，中国一直是靠投资拉动经济增长，经济学家做了很多分析，单纯地依靠投资，增长是不能持续的。最初做出分析的是马克思，马克思在《资本论》中详细分析了当时资本主义国家投资率不断提高的增长方式，认为这必然引起严重的经济和社会问题。首要的问题就是产能增加，而消费率下降使得最终需求不足，这就造成了所谓产能过剩的经济危机。

改革开放以来，中国基本上是沿着这条路走。长期靠投资来拉动增长，使得中国的资产负债表出现了严重问题。所以，继续靠大量投资来拉动增长，不但是不可持续的，而且会造成很严重的宏观经济隐患，出现系统性的风险。

再次是生产率。比起改革开放以前，改革开放以后的生产率有很大的提高，主要有几个原因。第一个原因是经济结构的变化，大量的农村资源、劳动力和土地转入城市。

第二个原因是开放。开放以前，中国的技术水平跟发达国家相比有很大的差距；开放以后，中国可以通过引进外国设备、技术，很快地提高技术水平，所以效率提高很快。

这个原因到21世纪初发生了变化，经过20多年的改革，中国的生产技术水平已经和发达国家接近了。除了一些很尖端的技术之外，一般的生产技术应该说和发达国家没有太大的差别。因此，中国需要创新——哪怕是引进外国技术，经过消化以后的再创新——来引领生产技术，这样才能立于世界强国之林。

然而，在原有的体制下，用创新来引领生产技术是有很大困难的。许多经济学家对中国潜在生产力的研究都表明，从21世纪初开始，生产率提高对中国经济增长的贡献就逐步减少了。

支撑经济增长的主要因素的力道都已经减弱，在这种情况下，一个问题出现了：中国会不会陷入中等收入陷阱？所谓陷入中等收入陷阱，就是原来支撑经济增长的一些动力开始衰退，如果找不到新的动力，就可能停留在中等收入水平。

所以，中国面临着很严峻的任务——找到新的增长动力，说得简单一点，这个动力就是技术创新和效率的提高。如果缺乏新的增长动力，中国经济的增速继续下降将是不可避免的。

要用平常心对待GDP的减速

既然中国经济由高速增长的轨道转入中速增长的轨道是由各种客观因素决定的，是不以人的意志为转移的，那么我们只能用平常心来对待。所谓用平常心来对待，就是不能急于用强刺激的老办法去拉动增长。

2009年以来的经历已经告诉我们，用这样的办法去拉动经济增长，时效是越来越短的。经济学中所说的投资回报递减的规律已经明显表现出来了，所以这样的办法是不会有太大效果的，不仅没有多大的好处，反而有很大的坏处。因为用强刺激的办法，大量地注入货币，大量地进行投资，而投资回报却很差，宏观经济的状况就越来越脆弱。

不管是各级地方政府的负债率，还是企业的负债率，都增长得非常快，已经达到了警戒线或者超出了警戒线。如果频繁地采取刺激的办法，就会使得中国资产负债表的状况越来越恶化，资产负债表状况的恶化隐含着系统性风险。

一旦出现系统性风险，国家的整个经济就会出现剧烈波动。东亚一些国家曾经也有过长时期的高速增长，比如日本，当初爆发了系统性危机，不但丧失了原来的动力、动态的优势，还导致了国民经济的长期低迷。

我认为中国不应该采取强刺激的办法去拉动经济增长，不要急于用大量刺激的办法把增长率提升到7.5%以上、8%以上、10%以上。

用平常心对待经济增长减速的新趋势，不等于无所作为

如果我们不能在GDP总量减速的情况下改善增长的质量，不能提

高增长中效率的贡献，过去被高速的数量扩张所掩盖的各种经济和社会矛盾就会爆发出来，造成很多问题。

增长的速度降低了，增长的质量又不好，经济效益就会打一个大的折扣。如果在减速的同时能够提高增长的质量，在保持中速增长的情况下，人民就能得到更多实际的好处。

过去经济增长的质量差，虽然数量能弥补一部分不足，但实际上它带来的实惠是不多的，因为增长靠的是大量投资的注入，由于增长质量差，新增产值中有很大一部分要重新投入，否则增长的数量就不能弥补未来增长所需要的投资。

如果在减速的情况下能够提高增长的质量，也就是提高增长中效率的贡献，那么，虽然数量低了，但人民和整个经济得到的实际好处要比原来多。

我们可以看到，有些国家的经济增长主要是靠效率的提高，所以，有3%、4%、5%的增长率，情况就很好了。中国也应该争取达到这样一种结果。中国现在应该关注的不是拉动经济增长的数量，而是提高经济增长的质量。

要提高经济增长的质量，就要全面推进改革

从党和政府的文件来看，刚开始改革开放的时候，全国人民代表大会就提出了国务院经济建设的十大方针，这是在1981年。这十大方针围绕着一个核心内容，就是提高效率。虽然这十大方针在执行后取得了一些成绩，但也存在不少问题，所以成效并不是太明显。

到了1995年，制订第九个"五年计划"的时候，国家提出了一个明确的方针，叫作"转变经济增长方式"。虽然这个说法在十六大中做了一点文字上的改变，变成"转变经济发展方式"，但我认为它的基本

内容是没有变的，就是要从依靠投资支撑的经济增长方式，转变为依靠技术创新和效率提高支撑的经济增长方式。

虽然这个方针在"九五""十一五""十二五"计划中都提出了，但应该说，在"十五""十一五"这两个五年计划中取得的成绩并不是那么显著，因此在"十二五"中再次提出要加快经济增长方式的转变。

问题出在什么地方呢？就出在经济发展方式或者经济增长方式的转变要有一个基础，这个基础就是经济体制和社会政治体制的转变。其实，"九五"计划的时候提得很明确，叫作"两个根本转变"：一个根本转变是从粗放的经济增长方式转变为集约的经济增长方式，另一个根本转变是从计划经济转到市场经济，而且第二个根本转变是第一个根本转变的基础。

但是，在"十五""十一五"期间，改革的推进有一些迟缓，使得这十年中经济增长方式或者经济发展方式的转变显得有些疲软，因此，到"十一五"的最后一年，党中央提出加快经济增长方式的转变刻不容缓。

到了"十二五"期间，党中央再次强调经济发展方式的转变，是跟全面深化改革相配合的。十八大决定了全面深化改革，这就为中国实现经济发展方式的转变提供了一个体制上的基础。十八大前后，一些改革的推进虽然是小试牛刀，但已经可以看出成效了。

我们现在面临一个情况，有些经济学家对经济增长减速很着急，因为按照过去的经济体制和发展方式，经济增长一减速就可能要出大事，但实际情况并没有那么严重。

虽然经济增长在减速，但中国的就业状况、经济效率的状况、经济结构的状况还在改善，而且改善的情况比"十一五""十二五"的时候要好得多。

最明显的就是就业，经济增长在一步一步地下台阶，但就业的情况越来越好。就去年来说，我们预期的新就业人数是900万，实际就业人数是1310万，完成了预期目标的145%。今年，这个预期目标提到

1000万人，10月份就完成了。因此，经济减速并没有导致失业增加、就业困难和社会不安。

另外，结构的变化。党中央在"十一五"的时候决定把经济增长方式的转变作为主线，怎么转变呢？核心是提高效率，通过哪些途径提高效率？很重要的一个途径是发展服务业，这是"十一五"一个很重要的口号。

"十一五"这五年中，政府虽然反复号召，也采取了一些措施，但没有很大的改变。到了"十二五"的时候，第一年还没有什么改变，第二年就出现了改变。

前年，中国第三产业的增长速度首次和第二产业的增长速度齐平。过去一直是第二产业——制造业一马当先，去年的情况有所改变，第三产业的增长速度超过了第二产业，而且第三产业首次成为整个国民经济中最大的产业。今年，这个趋势还在继续。

为什么会出现这种情况呢？在"十一五"的时候，国家反复强调要改善结构，要发展第三产业，但没有做到，为什么现在这两年能做到呢？无非是因为一些改革，其中一项改革是营改增，即营业税改增值税。

对于营改增，人们关注的是其减轻税务负担的作用。其实，营改增受到经济学界和产业界的普遍欢迎的原因在于：营业税是全额征税的，它是妨碍分工深化的；而增值税是就价值增值征税的，它是有利于分工深化的。

这个改革在全国推行以后，大大促进了分工深化，催生了很多新的行业。拿电子商务来说，就分化出不少行业，从快递到结算，到售后服务，种种行业都出现了。

另一项改革是工商登记的便利化，工商登记便利化以后，工商户的数量大大增加，去年新增工商户40%。最近，习近平总书记在讲话中提到，今年前三个季度登记的工商户数量增加了60%。当然，这只是中国拉开全面深化改革序幕的一些改革，我把它们叫作小试牛刀。

小试牛刀证明改革能够改善中国经济增长的质量，能够提高经济的效率，能够从根本上解决中国当前面临的各种问题。只有通过改革，才能在经济减速，进入中速增长的情况下，增加经济增长中效率的贡献，从而建立一个符合预期的新常态。

这个符合预期的新常态就是虽然增长速度是中速的，但效率是比过去高的，也就是从粗放的增长转向了集约的增长，这是中国的整个经济和社会长治久安的基础。

今年是全面深化改革的元年，十八届三中全会的决议给我们描画了一个很有理由乐观的前景，但全面深化改革会碰到意识形态的障碍、既得利益的障碍、操作上的复杂困难的障碍，还有过去旧体制、旧的增长方式所积累起来的各种经济问题的困难，不可能一蹴而就。

当前经济形势的六大前沿问题

厉以宁

著名经济学家、北京大学光华管理学院名誉院长

第一个问题：怎么理解"新常态"

最近，在中国报纸上经常可以看到一个词，就是"新常态"。怎么理解"新常态"呢？这是相对于我国前一段时期超常的经济高速增长而言的，意指经济应逐步转入常态。

要知道，经济的超高速增长是"非常态"的，它不符合经济发展规律，是不能持久的。所以，我们今天讲经济要进入"新常态"，可以从两个方面来分析。首先，做我们力所能及的事情。盲目追求超高速增长对中国长期经济增长是不利的。其次，过高的增长率带来哪些不利呢？主要有五个方面：第一，资源消耗过快；第二，环境受到影响，生态恶化；第三，带来低效率；第四，出现一些行业的产能过剩；第五，错过结构调整的最佳时期，这一点也是最重要的，下面展开谈一下。

错过结构调整的最佳时期，会留下很多后遗症。现在我们不得不把调整经济结构放到重要的位置上。结构调整很重要，比单纯追求经济总量更重要。

　　举个例子。1840年鸦片战争时，中国的GDP是世界第一，要比英国高很多，但是中国的经济结构不行。具体来说，英国大约在1770年左右进行第一次工业革命，到鸦片战争时已进行了大约70年。经过这70年的发展，此时英国的GDP构成中，主要为蒸汽机、机器设备以及铁轨、铁路机车、车厢等工业品，纺织业中使用的也是机器。而当时中国的GDP完全是由农产品和手工业品构成的。同时，英国的交通工具已经是轮船和火车了，而中国当时仍然是帆船和马车。从出口来看，中国主要是茶叶、瓷器、丝绸等农产品和手工业品，而英国则是蒸汽机和机器设备。所以，英国在经济结构方面远远优于中国。

　　此外，在人力资源结构方面，英国也优于中国。当时英国有一千多万人，而中国据说有四亿人。但是，英国已经进行工业革命70年了，小学已经普及，并开办了大量中学，还兴建了很多大学，每年培养出大量科学家、技术人员，还有经济管理人员、金融专家等人才。而此时中国的绝大多数农民是文盲，妇女也多是文盲，少数读书人读的是四书五经，而且是为了考科举。所以，中国的人力资源结构也不如英国。

　　虽然现在中国的GDP总量已跃居世界第二位，但是从结构上来说，中国还落后于一些发达国家。因为中国的高新技术产业所占GDP的比重还比较低，没有发达国家那么高。同时，虽然中国人力资源结构比过去改善了很多，但是大学毕业生占总人口的比重也比较低，中国的熟练技工队伍正在形成。在这种情况下，如果中国错过了结构调整的时机就是最大的损失。所以，现在提出"新常态"，就有避免超高速增长，尽早使经济结构合理化的意图。

　　目前"十二五"时期即将结束，马上要开展"十三五"规划。对于"十三五"规划，很多专家（包括我在内）都提出，要保持适度增速，不能再追求超高速增长了。如果中国GDP每年能够保持增长7%就不错了，即使能保持在6.5%~7%也属正常，要注重经济质量提升和结构的完善，而不是单纯追求经济增速。

第二个问题：硬性的增长指标与弹性的预测值哪个更好

这个问题我以前曾谈过。多年以来，我们一直靠下死命令实现经济增长目标，全国各地拼命干，力求最终达到目标。这样下去，就会产生问题：这无论对地方政府还是对中央政府，都同样形成压力，因为地方的发展规划是由地方人民代表大会通过的，全国的发展规划是由全国人大通过的。一旦以这些硬性指标作为目标，就意味着要严格执行。于是，各地政府为了完成任务或者赶超别人，有时就不顾经济增长的质量和结构调整，政府就会很容易陷入被动。

为什么会很被动呢？主要原因在于：硬指标意味着一定要完成，为了完成指标，就会只顾增长，从而把产能过剩、高成本、低效率等都放在次要地位了。过去我们总干这种傻事，政府今后力争改变这种状况。可喜的是，关于把增长率从硬指标改为有弹性的预测值的做法，现在已经在一些地方开展试点，先试验一段时间，如果试行成功，再进行推广，这对于中国经济增长和调整结构是非常有好处的。

第三个问题：怎么看待当前经济增速的下降

经济增速下降有许多原因。比如，出口下降、过剩的产品销不出去等。但同时，应该看到另一个非常重要的事实，即中国实际的GDP

要比国家统计局公布的数字高，而且年年如此。举几个例子：

第一，农民盖房子在西方发达国家是计入GDP的，而中国农民盖房子，包括自己盖房子、邻居亲戚互助盖房子等，统统不计入GDP。这个量是很大的，而且随着现在建设新农村和推行城镇化，这个数据会越来越大。

第二，中国的家庭保姆有几千万人，在西方发达国家，这些人的收入是计入GDP的，由于中国GDP计算中没有家庭保姆工资这一档，因此，几千万家庭保姆的收入就没有计到GDP里去。加之，近年来，当保姆的人数逐年增加，她们的工资逐年在涨。这种情况不能不引起经济学界的注意。

第三，中国个体户的实际营业额有多少？在中国，个体工商户一年的营业额是通过包税制倒推出来的，他们的实际营业额会高于包税制下推算出来的营业额。也就是说，大量个体工商户少报了营业额，中国的GDP统计也就少算了。最近还规定，月营业额不足三万元的小微企业免税。免税之后，就更不好统计他们的实际营业额了。

第四，据前几年数据统计，在中国GDP的构成中，国有企业不到35%，外资企业大约在10%或略多一些，而民营企业则超过55%。近年来，有外国专家认为中国的GDP掺水了，存在虚报的可能。实际上，这恰恰说明他们不了解中国。因为民营经济通常选择能少报营业额就少上报，上面不查就不报，因为报多了就要多缴税就吃亏了。同时，有些国有企业为了表现业绩或领导者为了获得提拔，可能虚报营业额，但是他们的虚报是有限的。因为一审计就审计出来了，多报就露馅儿了。总体上看，由于民营企业占了55%，他们少报的比国企虚报的要多，两者抵消后统计出来的GDP就比实际上少了。

以上四点说明了什么问题呢？说明单纯从GDP的变动看不出大的变化，而实际上，GDP的总量却在逐年增加，我们要承认中国实际的GDP比国家统计局公布的要多。所以，不要怕GDP减速了，下降0.2或0.1个百分点没什么问题，对中国经济增长要有信心。

第四个问题：如何看待投资与就业的关系

这是经济学中的一个老问题，却也是当前要着重研究的问题。因为经济学从来都是这么认为的：新的工作岗位是在经济增长过程中作为投资的结果而显现出来的，也就是说，你要增加就业，就必须大量投资。但目前中国的情况变了。中国正在朝完善的市场经济方向走，在大力推进技术创新或不断更换成套设备的时候，在投资于高新技术产业的时候，就业人数往往反而减少了，因为机器人、自动化使得人力减少，在新技术下不需要那么多人就业。这成为高新技术发展过程中一个必然出现、必须面对的问题。

另外，还应该看到，中国正在加强环保建设，推动低碳化。低碳化必然要求关、停一些企业，在环保治理的同时就会有一部分人失去工作岗位。那么，中国增加就业靠什么呢？如何保持就业的可持续性？当前政策的第一个办法是，要靠发展民营企业，发展小微企业，鼓励创业。现在创办小微企业，可以先营业后办证，可以省掉很多手续。同时，对小微企业，还有贷款的支持。

第二个办法：搞农业。中央文件中已正式提出要发展家庭农场。这是个新提法。过去家庭农场主要出现在美国、加拿大、西欧等地，现在中国正在进行土地确权，也相应地提了出这个概念。确权是什么意思？过去农民的土地是集体所有制，但是没有确权，农民事实上是被架空的所有制承担者，现在不同了。2012年，全国政协经济组在浙江的嘉兴考察。我们进了一个村子，农民放鞭炮庆祝确权。确权主要是指"三权三证"：土地的承包经营权发证，宅基地的使用权发证，农民在宅基地盖房子的房产权发证。嘉兴市在土地确权之前，城市人均收入和农村人均收入比是3.1：1，确权以后变为1.9：1，收入差距大大缩小了。我们问农民，收入怎么一下子多出那么多呢？这都是土地确权的好处。过去农民权利得不到保护，因为是集体所有制，要圈地就圈地，要拆房子就拆房子。确权以后农民能够依法依证保护自己的权利了，积极性提高了，养殖业和种植业也就发展了。同时，农民想外出打工就可以去打工了，土地转包给别人，收地租，因为确权了，就不担心回来后人家不认账了。

这就是中国农村发生的变化，中国的现代农业正在兴起。这就为就业开辟了新的道路。

第五个问题：如何看待"钱荒"

很多人对中国现在发生的"钱荒"感到很奇怪。因为中国的货币流通量并不少，按照M1、M2来看，流通的货币量都是很大的，但老百姓特别是民营企业却到处借不到钱，闹"钱荒"。为什么会发生"钱荒"？有两个原因：

一方面，中国正处在双重转型阶段：第一个转型是发展转型，从农业社会变成工业社会；第二个转型是体制转型，从计划经济转到市场经济。在这两个转型过程中，农村对货币需求量大增。现在农民自己经营土地甚至开办小工厂，都需要大量资金。同时，中国的货币需求量是很大的，不是光靠经济增长率、人口增长率就能够计算出合理的货币需求量的。通常，实际货币需求量比计算出来的货币需求量要大一些。

另一方面，"钱荒"的根源是由大量的国家投资以及贷款不配套造成的。银行将大部分贷款给了国有企业，民营企业尤其是小微企业很少能够获得贷款。贷不来款，民营企业就慌了，因为手上没有资金，万一有好的投资机会就丢失了；另外，如果资金链断了，到哪里借钱呢？连企业的日常运行都会感到困难。我们在广东调查发现，很多企业都有"超正常的货币储备"，用当地企业家的话说叫"现金为王"。几乎家家都有"超正常的货币储备"，自然货币流通量就不足了。

第六个问题：当前金融改革的目标是什么

主要有三个目标：一是宏观目标，二是微观目标，三是结构性目标。从宏观角度来看，中国金融业、银行业应该走向市场化。利率市场化是其中很重要的一个方面，但利率市场化不等于对利率的自由放任，因为自由放任对经济是有害的。所以，从宏观上来讲，利率的市场化，也就是十八届三中全会所讲的"让市场在资源配置中起决定性作用"；从微观来看，银行作为金融机构和微观单位，应该既有经济效益又有社会效益，两个效益并重，这是微观目标。从结构性来看，金融改革应该把重点从虚拟经济转到实体经济中来，因为实体经济是最重要的。中国的产品要打入世界，必须有一个自主创新的过程，要帮助实体经济实现技术升级、产业升级。同时，在结构方面，大中小银行分别以大中小企业作为服务对象，就是大银行对大企业，中等银行对中等企业，小银行对小企业，在此基础上，所有的大中银行都应该为最底层的小微企业提供贷款服务，这是支持"草根金融"。

此外，还应该大力发展政策性银行。政策性银行目前还比较弱小。比如支持教育发展，可以成立教育银行，使政策性银行为教育事业的发展提供金融服务。又如，开发西部地区，有许多工作可由政策性银行做，所以，政策性银行应该进一步扩大。

新常态　大逻辑

杨伟民

中央财经领导小组办公室副主任

　　我用"新常态　大逻辑"这个题目来展开话题，因为我觉得"新常态　大逻辑"是今年中央经济工作会议的一个基本精神，或者叫作主题。它不仅对于做好明年经济工作具有非常现实的指导意义，而且对国家经济、政治、文化、社会生态文明建设和国家发展改革稳定等都具有重要的指导意义，特别是对未来有意义，因为明年（2015年）我们就要进入"十三五"时期——"十三五"时期是非常重要的，因为在这一时期要实现第一个一百年的奋斗目标，也就是第一个一百年的"中国梦"。有了新常态这样一个基本的纲领性思想，对做好"十三五"规划和推进"十三五"期间的经济社会发展具有重要意义。

　　我分两个方面来讲，先讲新常态的内涵和特征，再讲明年经济工作的主要任务。

关于新常态的内涵和特征

关于新常态，中央经济工作会议有三句话：认识新常态，顺应新常态，引领新常态。我就围绕这三个层面来讲新常态的含义。

第一个逻辑，认识新常态。

认识新常态，首先要认识形成新常态的九个趋势性变化。这次中央经济工作会议的新闻稿篇幅比较长，比往年都长，其中一部分就对新常态的趋势性变化进行了系统阐述，并用对比的方法，从过去、现在、未来的政策取向来看待新常态。

第一，从消费需求看，过去消费匮乏，特别是收入水平比较低而且平均，所以消费是"你有我有大家都要有"，具有比较明显的模仿型排浪式特征。20世纪80年代流行"四大件"，新世纪以后，由于住和行成为主要的消费热点，所以买房、买车形成新的热潮。而现在这些消费都趋于缓慢增长。现在虽然不排除个别的消费会形成排浪式的特征，但多样化、个性化的消费已渐成主流。这种变化，必然带来增长速度和结构的调整，要求经济工作和宏观调控的思路都要与时俱进，而不是再像过去那样找一两个在这个时期全国人民都会买、都会消费的产品，政府通过减税、补贴等措施大力扶持，从而形成消费热点并带动增长，这种模式恐怕今后很难再走得通了，因为基本的消费趋势变了。今后，要采取正确的消费政策，努力释放消费需求，使消费在经济发展中发挥基础作用。

第二，从投资需求看，过去投资一直都是拉动经济增长的第一动力。现在经过35年高强度、大规模的建设以后，三大投资领域全面减速：在制造业中，越来越多的产业出现了产能过剩，投资相对饱和；住房需求排浪式的消费告一段落，甚至出现了区域性、结构性的过剩；基础设施投资是最有潜力的，但是按照原来的规划，全国性的高速公路网、高速铁路网在"十二五"期间已经基本形成，城市基础设施也发生了翻天覆地的变化。第一动力减弱，必然会带来增长的减速。同时，我们还有很多投资的新空间，比如说在基础设施方面，农村的公共设施以及城市地下设施包括地铁等，都有很大的空间，还有生态环境保护和修复等。但是，这些领域的投资有一个共同的特点，就是公共性更强，投资回报率更低。新的投资机会要求必须创新投融资方式。如制造业要创新发展，对新技术、新产品等需要投资，但我国的金融体系和资本市场等只能适应传统的简单再生产和扩大再生产，不适应以创新驱动发展的投资活动，因为创新活动往往没有抵押物就得不到贷款，创新企业没有三年盈利就不允许到资本市场融资。所以，我们有新的投资机会，但是现在投融资的方式和体制还不相适应。今后，要努力消除投资的障碍，创新投融资的方式，使投资继续对经济发展发挥关键作用。

第三，从出口和国际收支看，在金融危机前，靠负债支撑的全球需求增长比较旺盛，国际市场空间扩展较快。另外，我们有劳动力成本低的优势，再加上加入WTO的红利，所以出口是拉动经济增长的一个重要动力。但现在全球总需求增长放缓，特别是我国劳动力成本低的优势已经再不像以前那么明显了，国际和国内两个方面的因素共同作用，使出口对增长的拉动力也减弱了。过去我们对外开放的目的主要是两个：一是要市场，二是要资金。现在单纯地要国外市场，但如果和国内市场开放不同步、不协同的话，会使国际收支失衡，带来一些负面的影响。同时，国内的储蓄率很高，产能和资金都要走出去，也就是说我们到了需要更大程度走出去的阶段，高水平引进来和大规模走出去正在同步发生。今后，要培育新的比较优势，通过促进三大平衡，即内需和外需、进口和出口、引进资金和对外投资的平衡，逐步实现国际收支的平衡。

第四，从生产能力和产业组织方式来看，过去供给不足是长期困扰我们的一个主要问题，所以社会的主要矛盾被概括为"人民群众日益增长的物质文化需要同落后的社会生产之间的矛盾"。那个时候扩大投资、扩大产能就能够形成有效的增长，但是现在传统产业的供给能力大大超出了需求，有的产业已经达到或者接近物理峰值，有的产业达到了资源承载能力峰值，房地产的库存压力也很大，这种产能过剩必然带来增长减速和结构调整的同步发生，并且形成负向的循环，进一步加剧了产能过剩。过去的结构调整多是扩张性的，是向长板靠齐，并根据最长的板补齐的方式。现在必须根据最终需求进行压缩性的"截长板"式调整了，也就是说现在的结构调整主要不是增量调整。今后，既要支持企业兼并重组，同时也要根据技术发展促进新兴产业、服务业发展，支持互联网技术带来的产业组织和模式创新，而不再仅仅是"上大压小"。

第五，从生产要素相对优势看，过去有源源不断的劳动力，技术和管理与国外的差距也比较大，只要是引进了技术和管理，就能够迅速形成生产力，带动经济增长。现在，人口老龄化趋势日益发展，农业富余劳动力减少，使劳动力总量减少了。技术的差距也大大缩小了，因为能引进的技术差不多都引进了，有些技术人家也不给。在这种要素规模驱动发展力减弱的情况下，今后，要更多地靠要素的质量，靠人力资本的质量，靠技术进步、技术创新来驱动发展。

第六，从市场竞争特点看，过去在商品短缺和排浪式消费下，市场竞争主要靠规模和价格。当时大家都追求规模上的大，大就是好，大就是优势，低价就能赚钱。现在，市场竞争正在转向质量性、差异化为主的竞争。对政府而言，过去地方政府间的竞争主要是比政策、比优惠，甚至比"帽子"，就是要求国家今天给一个"帽子"，明天给一个"帽子"，各个部门也产生了简单化的倾向，愿意给地方戴"帽子"，导致各类区域规划、试点区、实验区、先行区等泛滥，带来了政策碎片化，市场隔断化，最终导致全社会成本高企。今后，政策取向是统一全国市场，全面提高资源配置的效率。

第七，从资源环境约束看，过去水土资源、能源矿产资源的空间和生态环境的空间相对还比较大，可以放开手脚不受约束地大开发、快发展。但现在水土资源和生态环境的承载能力已经达到或者将近上限，一些地区污染严重，雾霾频频光临。人民群众对于改善生态环境的需求也越来越迫切了。我们发展的根本目的是要满足人民群众的需求，现在人民群众的需求发生了变化，像有些地方最需要的是"APEC蓝"，而不是GDP。今后，要顺应人民群众对于优质生态产品的期待，形成绿色低碳循环发展的新方式。

第八，从经济风险积累和化解看，过去高速增长、做大产业，再加上政府对资源的直接配置和不当干预，使一些风险被掩盖了。现在各类隐性的风险正在逐步显性化，如产能过剩，过去被高增长特别是房地产的繁荣掩盖了，但是增长减速以后，一些扩大产能项目的投资回报可能就会成为问题，银行贷款可能就会成为不良贷款。再比如，所有地区都赞同化解过剩产能，但都希望化解别的地区的过剩产能，不要化解本地区的过剩产能，所以明里暗里给了很多支持，有的是财政支持，补贴亏损，有的协调银行，让银行贷款输血，有的直接出资助力企业，结果"培育"了许多应该死却死不了的"僵尸企业"。但随着经济减速，地方政府的支持能力的削弱，一旦停止输血，这些"僵尸企业"的债务将会浮出水面。中央对于风险的总体判断是，风险总体可控，但要化解以高杠杆和泡沫化为主要特征的各类风险将会需要一段时间，这些问题不会是短期之内就能够解决的。所以，今后的政策要对症下药，防止出现区域性、系统性的风险。

第九，从资源配置模式和宏观调控方式看，在需求管理方面，过去出现增长减速的时候，由于潜在的增长率比较高，财政和货币政策的空间还比较大，加上产能过剩并不十分明显，当时采取扩大投资等刺激的办法，很快就能收到稳增长的成效。在应对1998年亚洲金融危机和2008年国际金融危机时，采用这样的一些措施，都收到了明显的稳增长的实效。现在，尽管增长也在减速，但上述条件已经发生变化，全面刺激政策的边际效果明显递减。在供给管理方面，过去很容易看清某些产业同发达国家的差距，按照发达国家走过的老路，采取对特定产业扶持的差别化产业政策，可以起到支持一些产业尽快成长的作用。但现在全球化深入发展了，要在产业链的分工中占领高端，依靠差别化的产业政策不再灵验。所以，今后要全面把握总供求关系的新变化，科学地进行宏观调控，同时通过发挥市场机制的作用探索未来产业的发展方向，发现和培育新的增长点。

以上九个趋势性的变化，既是经济发展进入新常态的直观表现，也是新常态形成的内在动因。正是这些趋势性的变化，带来了经济发展的新常态。我们需要看到，经济发展新常态是我国经济发展取得重大成就的结果，是35年来经济不断成长，发展到今天量变形成质变的结果。新常态说明我国经济正在向形态更高级、分工更复杂、结构更合理的阶段演进。这就是在当前和今后一个时期的我国经济发展的大逻辑。

第二个逻辑，适应新常态。

适应新常态，就是要适应新常态的四个基本特征：一是增长速度正从高速增长转向中速增长；二是经济发展方式正从规模速度型粗放增长转向质量效率型集约增长；三是经济结构正从增量扩能为主转向调整存量、做优增量并存的深度调整；四是经济发展动力正从传统增长点转向新的增长点。面对这种新常态，观念上必须要适应，做法上也必须要适应，要顺应大势，顺应规律来做工作。产业的发展、区域的协调、城镇化的推进、生态文明的建设等各方面，都要适应增长减速、增长动力转化这样的变化趋势，这就是适应新常态的一个大逻辑。

第三个逻辑，引领新常态。

面对新常态，经济工作的思路和重点，必须要与时俱进地进行调整。具体而言，经济工作会提出"一个中心、八个更加注重"的基本思路。"一个中心"，就是要以提高经济发展质量和效益为中心。"八个更加注重"，就是在今后的经济工作中，要更加注重八个方面：一是更加注重满足人民群众的需要，而不要为了速度推动发展，人民需要什么就应该发展什么，比如说我前面讲的生态产品；二是更加注重市场和需求心理分析；三是更加注重引导社会预期，市场运行有其自身的规律，不能够逆市场和社会的预期而动，要顺应市场心态来进行调控，市场心态也是这次经济工作会上提出的一个很重要的概念；四是要更加注重加强产权和知识产权保护，要实现创新驱动发展，必须要给创新者、创业者产权和知识产权的保护，这是最大的激励；五是更加注重发挥企业家才能；六是更加注重加强教育和提升人力资本素质；七是更加注重建设生态文明；八是更加注重科技进步和全面创新。

关于明年经济工作的主要任务

第一，努力保持经济稳定增长。当前经济下行的压力仍然较大，对于速度换挡我们要保持平常心，同时也要防止增长失速。在稳增长方面，要注意把握几个政策要点。一是要保持稳增长和调结构之间的平衡，这是保持明年经济稳定增长的一个关键。社会上有些观点，把稳增长和调结构对立起来，这是不对的。调结构的内容有两个方面，一方面要化解过剩产能，另一方面要支持一些新的经济增长点和一些新产业的发展，这种结构调整本身就会达到稳增长的效果，所以稳增长和调结构并不是一种完全对立的关系。二是运用好两大宏观政策工具。积极的财政政策要有力度，更好地发挥对稳增长和调结构的积极作用；货币政策要更加注重松紧适度，在实施过程中要根据形势变化把握好松和紧之间的平衡。三是要促进"三驾马车"均衡拉动增长。过去有的时候更多的是靠出口和投资，今后的方向是"三驾马车"更加均衡。四是要把经济工作的着力点放在转方式、调结构上。五是要有序化解各类风险。

第二，积极发现、培育新增长点。这也是今年经济工作会议和过去不一样的地方，前几年讲结构调整时对化解过剩产能讲得比较多，这次强调要做优增量，但表述上不一样。过去培育新增长点更多强调的是政府怎么去发现、怎么去做，如大力发展几大产业，加大支持力度等，这次不是说一定要支持哪些产业，而是讲用什么样的方式和方法发现和培育新增长点。主要讲了三个政策方向：一是市场要活，要靠市场去发现和形成新增长点；二是创新要实，创新不是发表论文就大功告成了，而是要把创新变成实实在在的产业活动，创新不仅仅是技术创新，而且是全面创新；三是政策要宽，要营造有利于市场主体创新的环境，包括商业、制度、政策的环境。

第三，加快转变农业发展方式。明确农业发展方式要尽快转到数量质量效益并重、注重提高竞争力、注重农业技术创新、注重可持续的集约发展上来，并强调要深化农村各项改革，完善农村各项政策，完善农村土地经营权流转和加强职业培训等。

第四，优化经济发展空间格局。要继续实施西部开发、东北振兴、中部崛起、东部率先的区域发展总体战略，同时强调各地区要找准主体功能区定位和自身优势，确定工作着力点。中央还明确，要重点实施"一带一路"、京津冀协同发展、长江经济带三大战略，今后我国区域发展的空间布局，将由区域发展总体战略、主体功能区战略以及这三大新战略共同构成。关于城镇化，强调对城镇化的发展要有历史耐心，不要急于求成；还强调要加快规划体制的改革，推进"多规合一"，这是实现城镇化健康发展的一个重要基础条件。

第五，加强保障和改善民生工作。这次会议主要是讲了就业和扶贫问题，这里我不展开说了。

第六，加快推进改革开放。主要讲了三个方面，一是要围绕发展面临的突出问题推进改革；二是要提高改革方案的制定质量，加强调查研究，不要坐在屋子里编改革方案，要了解实际问题所在，要到基层和企业找，找准问题才能够提高改革方案的质量；三是要抓好改革措施的落地，方案出来了并不等于改革完成了，最后要落地，产生实实在在发展的效果，让老百姓切身感受到，改革这才算真正完成。同时，在新常态下对外开放也出现了一些新的变化，要完善进出口政策，巩固出口的市场份额，稳定外商投资规模，提高对外投资的效率和质量。

持续性衰退刚开始

许小年

中欧国际工商学院经济学与金融学教授

中国经济是一种结构性失衡带来的持续性衰退

从最近几个月的数据来看，中国的经济确实是很不乐观的。

我一直在强调的一个观点就是，目前经济数据的走弱、增长速度的下行，不是一个简单的周期现象，我认为这是一种结构性的衰退，跟大多数经济学家理解的周期性衰退不一样。

周期性衰退，像在冬天得了感冒一样，过段时间就好了。但是结构性衰退，就像是内部有了炎症，如果不动手术，光吃药是好不了的。

结构性失衡为何会带来持续性的经济衰退？要弄懂这个问题，首先要解释为何中国的经济衰退是经济结构性失衡引起的衰退，以及在哪些方面失了衡？

1. 需求方投资需求和消费的失衡。

消费不足，首先我不认为是需求疲软造成的。这只是一个表面现象。就像很多发烧一样，发烧只是表面现象，内部有炎症才是实质。

目前政府和企业都热衷于投资，投资拉动经济占到了50%，而消费拉动只是占到35%。至于为何会需求不足，我认为核心原因在于目前"国民收入分配有利于政府和企业，居民收入比重下降"。

2. 投资导致产能增长超过国内购买力的增长。

中国已经成为第二大经济体，在制造业方面，大多产能都达到了世界第一，但产品该卖给谁？目前，中国已经形成了大量过剩产能，企业自然就会投资需求不足。企业不敢投资，表现为生产产能指数连续十几个月下降，包括钢铁、煤炭、水泥等方面，这时谁敢投资？

回想2009年，也是如此。当时政府感觉到企业的投资需求不足，就由政府来投资，当时是大量投基础性行业。但是现在更糟，连基础性投资都面临过剩，所以连政府都不知道去哪里投资。

目前，中国的投资/GDP比例已经达到世界第一，那么未来该怎么办？

在当前投资过剩的情况下，只有在充分吸收过去的过剩产能后，国家经济才能轻装上阵。

我在这里说的产能过剩、投资需求不足，是相对国内有限的购买力而言的。那么，为何国内需求跟不上产能的增长？这是由收入分配的失衡导致的。

在过去十几年，国民收入的分配不是有利于居民，而是有利于政府的。政府和企业手上有了钱，这并不真是有利于消费的，而是有利于投资的。

政府收入占国民经济的比重，从1996年的12%上升到了2011年的32%，还没有包括其他的预算外收入，如果包括，则还要高。

过去十几年间，我们国家出现了非常明显的国进民退！这个趋势是客观存在的。

政府官员总是否认出现了国进民退，但政府收入占GDP的比例已经回到了20世纪80年代的计划经济时代了！

这些问题，不是宏观政策能够解决的。当一个人有肿瘤时，补充营养是不行的，必须先做手术。我认为宏观政策不是营养液，而是鸦片烟，是没有用的。

四万亿1.0、四万亿2.0、四万亿3.0

在微观指数上，生产价格指数不断下降，很多行业出现了亏损，一些企业开始裁员，就业形式越来越难，今年（2014年）据说是大学生就业最困难的一年！企业不愿意扩大规模，不愿意投资，就不会愿意招人。

这个指数的不断走低，已经持续了十几个月。这个生产价格指数的下降，仅仅在去年下半年得到了缓解，向上走了一个小山坡，因为去年下半年执行了四万亿2.0，这同2009年执行的4万亿1.0不同。当时政府大张旗鼓地宣传，让人民相信政府这个手可以支撑住经济；但2.0是低调，这次是以资本市场为主力，现在社会融资总量一半来自银行，一半来自债市。

我知道这个方法托不住，但是短期的烧钱会有一定的作用，所以我当时以为这会支持一段时间，经济形势下滑会出现在下半年，结果在今年第一季度末就出现了持续地下滑。用经济学术语说就是，经济的边际效用递减。

想想2009年，当时的说法是政府的无形之手拯救了中国经济，拯救了世界经济！但是去年的四万亿2.0扔进去，好像水花都没有。这是什么原因？因为结构性问题没有解决，就像只给病人吃止疼片，止痛的效果是递减的。

有一个很好的指数，叫作克强指数，主要是参考发电量、铁路货运量来看经济状况。现在看来，克强指数远比GDP靠谱。

这样大家就知道了，迷信政府力量是没有用的。再强大的政府也托不住经济，再强大的政府也托不住市场，只会打乱市场、扰乱经济！

我之前认为，二次探底是一定会出现的，果然就在去年上半年，克强指数跌到谷底，然后在下半年开始向上，但谁也没想到，经济居然又掉头向下。

国内的二度宽松，再次忽视了结构性问题，辅之以短期需求拉升，那么就一定会有三次探底。这个三次探底就在今年下半年，今年的下半年会比去年的上半年更差！

现在经济下行的趋势非常明显，市场上又开始憧憬，憧憬四万亿3.0。但看看1.0的作用，2.0的作用，那么3.0又有什么作用？而且中央政府已经表态，不会出台新的拉动内需的政策。

因为刺激性政策会带来很多不良后果，政府在过去的几年间也学到了一些东西，尽管它的学习速度很慢，也看到了1.0带来的危害，看到了2.0仅仅维持了1~2个季度，所以非常慎重。

我认为政府不会推出3.0，当然我没有办法为政府做决策。即使3.0出台了又如何呢？小小反弹一下，再次掉头向下！

所以，不要将注意力放在3.0何时出台，而是要聚焦在自己的领域，聚焦在自己的投资上。因为这些政策都不可能扭转中国经济的下行。

经济扭转衰退的办法就是结构性改革

既然你的病是结构性带来的，那就只有进行结构性调整，才能把这些结构性失衡纠正过来。

什么叫作结构性调整，能达到什么效果？我们看看美国和欧洲的例子。

金融危机的根本性原因是过度借债，资本负债比失衡。西方国家经济严重的结构性问题都是过度借债。

1. 美国的债务集中在家庭部门，借钱太多，收入偿还不了借钱。月供支付不了，家庭就会破产，银行就会拿走房子拍卖，当很多拍卖出现，房地产价格暴跌，银行资产价格下降，就会倒闭。但我本人对美国经济是看好的，很多人问我投资什么？我说，买美国股票，买美国资产。

2. 欧洲的处理方法。欧洲在2009年贷款余额/GDP达到最高，但是金融危机后，现在欧洲的负债率还没有下来，这是为什么？

因为美国是资本主义，欧洲是"社会主义"。

资本主义是以资为本，资金的所有者就是老大。借钱就要支付利息，不然就拍卖，迫使你还钱。只有这样，市场机制才能发挥作用。这个过程是冷冰冰的，但是不这样做，就会拖垮银行。实际上，美国已经有了几十家银行倒闭，几十万个家庭破产，失去了自己的房子。

我去年去美国，想买房子抄个底，找了个中介看二手房。进去一看，房子没有上锁，厨房没有吊灯，洗手间里连马桶都没有了。为什么马桶没有了，因为原来主人走的时候把马桶搬走了，那可是50多美元一个的。

为什么会这样，房东心里有气。按揭支付不了，银行收他的房子，不交房子警察就会上门。

欧洲是"社会主义"，以人为本。实际上，并不是真正的以人为本。比如在欧洲租赁一个房子，如果那个人支付不了，会被给予几个月的宽限期。借款违约，不能立即收他的房子，必须先给他找到一个住处，否则不行。银行如果不能拿到房子拍卖，结果就会坏账上升，银行如果倒闭，储蓄客户的利益就会受到损失。

迅速地处理坏账，才能拯救银行，才能拯救储蓄客户，才是以人为本。

欧洲拒绝承担坏账的后果，就是只能政府出钱收购银行的不良资产，维持银行的正常运转。政府的钱从哪里来的？收税来的。这只不过是将银行的坏账转移到政府那里，但是并没有从根本上解决坏账问题。所以政府出现了债务问题，要破产了。

希腊政府、塞浦路斯政府都破产了。现在西班牙、法国都在风雨中飘摇。没有办法，通过透支得来的繁荣是不会长久的。

今天的衰退，都是在为过去的繁荣买单。靠央行发钞票来维持经济的繁荣，这连中国梦都算不上。

大家都知道，量化宽松对恢复资产负债表的平衡没有实质性作用，几十年的零利率并未解救欧洲和日本。所以，复苏必须要先去杠杆化即削减债务。美国过去在做什么？就是在削减债务、调整结构。中国为何讲了十年调整结构，现在仍然在讲？因为我们根本没有调整。

3. 美国找到的经济的新增长点，是由灵活的市场机制创造出来的。

（1）以加州为代表的创新企业的重新涌现，形成了持续创新能力。（2）以德州为代表的旧能源产业的新生页岩气的开采成本大幅下降，比其他地方低30%。（3）制造业回流。美国企业不在中国扩大投资了，新的投资都回到美国去了。这是为什么？因为美国的能源成本比中国低，虽然美国的人工贵，但是没有之前差距那么大。

我想表达的是，这些新的增长点不是政府规划的结果，不是通过政府实现的，而是由市场竞争形成的结果。

我并不知道中国未来的新的增长点是什么，但我知道的是，如果我们把市场放开，取消了市场管制，新的市场增长点自然会涌现出来。

你只要给市场机会，给民众机会，新的增长点一定会出现。

小结：

1. 结构调整得快慢，决定了复苏的速度！

2. 美国的复苏是有坚固的基石的。这也就是为什么道琼斯指数创出历史新高。但我认为更多的新高还在后面，因为美国的手术已经做完了，它找到了新的营养液。

正因为如此，全球资金不断地流向美国。资金退出新兴市场，流向美国，从而推动美元的币值不断走高，在今后一段时间内，美元是一个强势货币，那么大宗商品市场就会向下。市场上开始流传一个观点，大宗商品市场的牛市已经结束了，我基本同意。这是由美国强势货币和中国需求持续减弱所带来的。

3. 欧洲会继续在债务的泥潭中挣扎，只要欧洲一天不清理过多的债务，那么其最坏的情况就还没有开始。

4. 中国的调整刚刚开始。凡是进行结构性调整，速度快，复苏就很快，如美国经济；拒绝进行结构性调整，拖拖拉拉，复苏就很慢，如欧洲经济。

未来如何走出结构性衰退

1. 进行市场化行业重组，收购与兼并，消除过剩产能。

2. 提高行业集中度和利润率，这不仅关系到企业的生存，而且是向研发创新转型的基础。

3. 不应鼓励国企的并购。国企拥有廉价资金供应，不计成本和收益，追求最大化规模和就业而非效率。

4. 实质性减税，避免企业的大规模停工和倒闭，特别是电信、金融、医疗卫生、媒体娱乐等服务业。

5. 国企撤出竞争性行业。我一直呼吁，实施新的减税，让企业活下去！企业想要活下去，也要自己转型。目前宏观形势不好，政府又来折腾，我也无法具体告诉你一个企业该如何转型。

我认为中国的民营企业面临痛苦的转型期，要从之前的低成本扩张、抢占市场，转型为在一个饱和的市场上扩大自己的核心竞争力。

中国的现状是：凡是能够投资的地方，都产能过剩；凡是产能不过剩的地方，都是不能投资的。例如电信、卫生系统等，有很多投资机会。医疗卫生领域的问题是供应不足、过度管制。为何民营资本不能多投资多建几个医院，政府非要把住牌照呢？

金融也管死了，一个银行搞一个网点，为何要批？这本是一个商业决策。我开一个饭馆，开在哪里，为何要你批？我如果亏钱，你承担责任吗？

像这样的成本，都叫作交易成本。政府的作用本应该是减少交易成本，我们政府的作用却是增加交易成本。明给反而低，暗给反而高，因为我不知道你的心理底限是多少。

我得研究，我得摸索，我得找一个哥们儿，还得策划一个饭局，最后才知道你的心理底线。这点小权力，政府你放了吧，放了后得到的经济发展，不知道会多少。

最近看，拍出很多地王，很多都是国有企业。为什么？国企背后有资金支持，而且国有企业亏损后也没有关系，政府是会补贴的。所以，国有企业进入竞争行业，其实就是扰乱市场竞争。

内需不足的实质原因：收入分配恶化

导致收入分配恶化的原因是：

1. 资源占有和市场的不平等。
2. 行政性垄断占有土地、矿山、资金和市场。
3. 审批制度下的官商勾结和寻租。
4. 仅在二次分配和最低工资上做文章解决不了问题，必须在一次分配上做文章。

为什么企业家一定要做政府的公共关系？因为资源在政府手中，

不做政府公共关系，就拿不到资源。

重要的是如何消除这种暴利，而不是在暴利出现后去收税。暴利源头是什么？是政府垄断资源。

腐败为何久治不愈，是因为从来没有从根子上进行诊断。出来一个贪官就判一个，是否想过如何让他不腐败？

现在的一切问题，都在从道德方面找原因；学校出了很多问题，是因为教育从业人员道德有问题；医院出了很多问题，是因为医生等从业人员道德有问题；房地产市场出了很多问题，也是因为房地产从业人员道德有问题，等等。根源在哪里？

必须通过改革实现更为公平的资源获取及市场进入，即：一、打破行政垄断；二、取消审批制；三、国有民营一视同仁。

中国经济长期发展的问题与挑战

周其仁
著名经济学家、北京大学国家发展研究院教授

第一个问题：中国经济发展难度变大了，但机会也很大

一个大国的经济，怎么可以连续多年年增长10%以上？这跟全球格局有关，不完全是中国人自己努力的结果，很大程度上是由于我们的开放，更准确地说是从长期封闭走向开放后，释放了一个战后罕见的潜能。

战后全球有两个"海平面"：一个是发达国家组成的高海平面，一个是发展中国家形成的低海平面。高海平面的国家间互相投资、互相贸易，创造了一个很高的现代化生活、生产水平。但这个海平面在战后很长时间内同中国、印度、苏联等发展中国家进行冷战，两者是互不来往的，中国等国家当时都相信一个理论，叫进口替代，即不引进发达国家的产品，空出一块国内市场发展民族工业。

当时，我们国家GDP人均200美元，翻两番才800美元，而美国当年已经是13500美元。更甚的是，我们是高积累，真正落入工人、农民、知识分子口袋里的钱是很少的，这样一来，人家要比我们高了80~100倍呢。

中国不开放，经济水平就会下降；开放后，中国制造的车从一开始的不像样，到后来慢慢像样，中国工人的工资也渐渐向发达国家工人的靠拢。现在，中国的人均GDP，跟发达国家相差大概是百分之九十。

所以，中国经济的基本前景还是很乐观的，中国人还肯学习，而且学习模式也在改变，不光是仿照性的，我们现在已经拥有一种叫组合性创新的能力，这是我们的核心竞争力。再前进一步，进行原发性创新，我们的人工还有优势。站在全球舞台来看，两个海平面虽然靠近了，但还有一些潜力，可以再释放十年、二十年，不过也滋生了一些新的挑战。

从低海平面往上走很开心，但高海平面的国家就麻烦了，它们的资本都出去了，投到中国、印度去生产汽车等，发达国家很难受。

那么，再往后看5年、10年，会有什么问题？现在出现了三个"海平面"，我们后面还有一个海平面起来了，那就是：越南的人工比我们低，印度的工资比我们低，非洲的工资也比我们低。中国的投资也开始往外走了，搞不好今年（2014年）中国就是净投资输出国，我们很多资本走了，人留下了，国内的收入分配问题会变得严重起来。跟过去15年比，我们经济发展的难度变大了。

中国的发展很快，并开始进军有一定技术含量、资本含量的产品领域，开始造车、造船了，设备也出口了。在未来的5年时间里，中国一方面可以继续享受低海平面往上升的好处，另一方面，跟其他一些发展中国家相比，我们已经升到一定的高度，今天我们也面临着和当年发达国家同样的压力。

第二个问题：提高空间"经济产能密度"，生产潜能会很快爆发

阿里巴巴融资以后，其中一个发展方向是：把互联网革命闹到农村去，在全国闹10万个淘宝村，并通过互联网，把村庄这一级的生产、消费跟整个国家、跟全球联到一起。

其实，农村积聚了一些县城的购买力（比如对绿色食品的需求），因为商业通路不够发达，这个购买力被抑制住了，人为地提高了储蓄率。农村是有消费力的，需要大家想办法把它释放出来。

什么叫城镇化？城镇化就是提高经济在空间分布的密度，用农业文明的空间观来看城市化，讲的就是密度，即一平方公里有多少人，能否有效地生活在一起，能够有多少产出。

美国85%的GDP集中在城市，只占国土面积的3%；而在我国，空间分布非常散，到处都是房子，积聚度不够，这些城市50%的城市化率并不高，百分之十几的人没城镇户口，所以很难享受城里人才能享受的福利待遇，这对他们不公，会挫伤他们的积极性。

纽约一平方公里一年创造16亿美元GDP，中国香港、新加坡一平方公里为4亿~5亿美元，而中国大陆多数大中城市，一平方公里才创造不到1亿元人民币。这里就隐含着机会。以前，我们只知道第一、第二、第三产业的分布，现在无论是企业家还是地方领导都应建立起来空间观。未来5年、10年、15年，空间摆布好了，一定空间的"经济产能密度"提高了，中国的生产潜能就会很快爆发出来。在我看来，这是中国未来第二个重大的机会，也是第二个重大的挑战。

第三个问题：品质问题，是我们最大的机会

我们的进口为什么这么猛？现在增长最快的是，从别的国家弄货，然后卖给中国人，当然有人民币汇率升值、购买力提高的原因，但更重要的是我们的产品质量粗看差不多，细看差一截。

我们的竞争，很大程度上还是价格竞争，没有往品质竞争这个方向前进的力量。当然，现在开始有好的苗头，任正非最新的这款手机评价是很好的，拿这个标准再看未来5年，我看苹果够呛。小米现在有一些东西也做得很好，学习同仁堂这个400年老店专注品质。这种企业家开始有了，但是还不够多。

华为现在收入来自全球，主要利润来自境外，不是靠低价，而是靠品质、靠想法，这是中国面临的一个巨大的机会。中国的很多产能，其实是不够的。我们现在过剩的很多东西，品质是不够好的，是档差一点的，某种程度上真是对不起我们的消费者。

我们现在就是低品质、高速度，还破坏环境。我们的产品和服务的品质之所以不够好，是因为我们没有品质意识。德国人做任何东西都精益求精，日本人也是。我们却还保持着悠久的农业文明的特点，大而化之，差不多就行了，这里头有大问题，也有大机会。如果品质意识提高一点点，不一定需要高速度，就会有很高品质的经济增长。这是我们面临的第三个大问题。当品质提高到一定程度，创新就变得十分重要了。

创新，首先要从教育做起。创新，首先是想法的创新，中国这么多人为什么没有好想法呢？我们的教育要好好反省。我自己在这个领域工作，我们以"应试"为重心的教育方式，如果不从现在就开始认真进行改革，我们会把很多天才的想法扼杀掉。

我最近研究城市，去了爱丁堡（当年英国启蒙运动所在地，经验主义的发源地）。你看苏格兰，那真叫穷山恶水，17世纪之前那个地方很野蛮，就是几颗脑袋改变了她。亚当·斯密的老师从爱尔兰把大陆

的一些新想法带到了苏格兰，当地的市长、商人愿意用一些钱支持思想活动。

当时爱丁堡有5万人，整个苏格兰有100万人，7.7万平方公里，比我们的重庆市还要小，却产生了多少思想家、创造家和发明家！我们熟悉的亚当·斯密在爱丁堡，机器革命、产业革命发生在爱丁堡；盘尼西林是爱丁堡人发明的，要是没有它，全人类的期望寿命值怎么会提高到今天的水平；取款机来自爱丁堡，指纹识别来自苏格兰，大家都爱的高尔夫球，听说就是苏格兰人在放羊的时候发明的。

我去了以后，很受触动。我们有如此辽阔的土地，有很多的7.7万平方公里，但为什么不能形成创新的发源地？让好的想法层出不穷，这是更大的一个挑战，应对好这个挑战，我们的人才问题就解决了。

第四个问题：政商关系，是最重大的挑战

在我看来，政商关系是最重大的挑战。

对这一波反腐，老百姓有很好的评价，我个人也是如此。可是，要真正解决腐败这个问题要靠的不是抓人，而是要有一套行之有效的体制，形成一种文化，这谈何容易。

你看现在，一个官员出了问题，一批企业家就跟着出问题，然后又带出了一批问题官员。其实，这些官员和企业家我们都认识，他们也不是没有做过一些好事情，是体制错了、文化错了、氛围错了、风气错了，从而使他们一个接一个地栽了进去。无数人讨论市场应该干什么、政府应该干什么。但我的看法是：政府和市场其实是一个东西。

问题的关键就在于：在市场当中的政府，权力的边界应该怎么划。这对我们这个拥有几千年悠久文明的国家来说是一个很大的挑战。政府太弱是不行的，太弱的话怎么来处理纠纷？谁都不听它的，它发个

房产证你也可以作废，发布的政令大家可以随便修改，如果政府是这样的，市场就垮了。政府要非常强才行，可是政府如果太强，又有谁能管得了政府呢？这就是政府在市场里面临的大麻烦，如何通过一套程序让政府非常强大，但同时又在轨道上运行呢？这个问题我们几千年来都没有解决好，总在两头摇摆。我们没有找到一个"既能发挥政府的作用，同时又能让这个权力不出这个轨道"的边界。

中国为什么创新不足，产品质量不高？以我的观察，我们的企业家没有把很多时间、精力放在产品上、技术上和市场上，而是放在了官场上。问题是，你不把精力放在这上头，你的对手就会放，你就会在市场竞争中输掉。这是场"每个人都不想去，但每个人都会陷进去"的游戏。

十八大以后提出了这个问题，中国人在这个关键问题上能不能再向前一步？国家权力既要有效，又要受到监督和制衡，要把权力关在笼子里头，要有规矩、有法治，这个问题讲起来很抽象，但跟我们日常活动息息相关。

中国发展的潜力是巨大的，当然，每个人都可以开出一些"问题"的单子来，我开出的单子上就有四个问题：

第一，中国在全球如何定位？发展了20年，开放了20年，全球的"海平面"由两个变成了三个，我们该如何定位，才能受其利，防其害。

第二，我们的空间资源、城市化、密度集聚，有巨大的潜力。

第三，我们的产品质量，及其背后"支持产品质量的想法"的产生，创新科学等问题。我们跟欧洲一样有着悠久的古代文明、灿烂的古代文化，但是，我们缺少了三样东西：文艺复兴、科学革命和近代启蒙运动，所以就落后了。我们现在的社会风气也是有问题的，我们最追捧的是歌星，而不是科学家。

第四，就是我们的官民关系。市场发展少不了国家权力，没有这个第三方服务，市场的产权基础、市场的秩序、市场的竞争都是空想，完全不要政府的市场是不现实的。必须要承认，我们取得成就的同时也有巨大的问题，而这些问题如果能好好解决，有可能为我们未来的发展奠定基础。好的发展前景，取决于我们的行动。

最后，讲讲"新常态"。

我仔细读了习近平总书记的讲话，"要适应新常态"。新常态是金融危机之后由美国投资银行家首先提出的，意思是别急急忙忙以为可以回去，回不去了，也就是零左右的增长。但这个预测到目前为止被证明是错的，美国现在都是三到四的增长，就业不太好，但是经济增长不错，这是为什么？是由于两个海平面的效果。如果有公司真按当年零到一的增长来做投资布局的话，会输得一塌糊涂。

习总书记讲的"适应新常态"，是把心态先调整过来。那么调过来以后，将来什么叫"新常态"？我的看法是：（新常态）不取决于经济学家的预测，而取决于行为，即取决于我们的企业家怎么行动，取决于我们的政府怎么行动。所以，今天做什么选择、采取什么样的行动，就有什么样的未来。

从前景看，中国可能会有一个很好的发展前景，因为全球化的大势能没有完全释放，但是，我们面对的挑战也是非常严峻的，结果取决于我们的行动。

2015 中国经济降中趋稳改革提速

陆 挺

美国银行美林证券大中华区首席经济学家

2014年中国经济延续下滑趋势，GDP增速估计在7.3%左右，相较于2013年的7.7%略有下降。除了人口红利逐渐消失等结构性因素之外，房地产市场下行和融资成本过高等短期不利因素也导致今年（2014年）的经济增长减速。

展望2015年，中国潜在经济增长水平会进一步下行，但上述短期因素会有所改善，2015年GDP增速有望维持在7%附近。预计中央政府会顺应大势，主动将明年经济增长目标从今年的7.5%左右调降到7.0%左右。这届政府在过去两年铁腕反腐，整肃吏治，推行法治，推出宏伟的市场导向的改革蓝图，中央政府的权威和执政能力有了明显提升，为接下来的经济结构调整奠定了坚实的基础，使2015年很有可能成为新一轮改革的真正元年。预计明年中国在地方政府债务、户籍与农村土地权利、汇率和利率及资本市场等改革方面取得实质性进展，经济增长质量得到一定提高，系统性金融风险明显降低，城市化加速，社会矛盾得以舒缓。

中国已经告别GDP增速持续维持在8%乃至10%以上的阶段，进入了一个新常态。所谓新常态，在现阶段，不是指GDP增速将维持在一个新的稳定水平，而是指中国经济已经进入潜在增速持续小幅下降的通道。从世界各国的经济发展历程来看，这个阶段没有逆转的可能。各国唯有通过改革来提高生产率，从而防止增速下降过快。

从中国的情形来看，劳动力人口总量已经连续两年下降，剩余劳动力消耗殆尽，新增年轻劳动力人口已经逐年减少。资源缺乏，大量依赖进口；本国环境遭到较大破坏，承压能力十分有限，同时城乡居民环保意识快速上升。从资本形成角度来看，以往的大规模投资已经导致新增投资对经济增长的贡献大幅下降。过去几年中国受全球金融危机等事件的影响，结构改革步伐明显放慢甚至停滞，对效率提升的影响有限。我们在2011年年初时提出的这组关于新常态的看法，在过去几年已经得到证实。从新常态的角度看2015年的中国经济，我们认为政府会将经济增长目标从今年的7.5%左右调降到7.0%左右，我们也预测经济增速会从今年的7.3%左右小幅下降到明年的7.0%左右。

新常态决定了经济增长的长期趋势，在短期中经济增长还受很多其他因素的影响。首先是反腐的影响。2013年是新一届领导上任后雷厉风行推行反腐的第一年，虽然反腐从长期来看利国利民，在短期内消费和投资需求却不免受到冲击。幸亏2013年中国房地产市场强势复苏，加速了房地产投资增长，从而抵消了反腐对消费和投资的影响。今年反腐运动升级，许多地方政府官员和国企管理层的不作为现象普遍。其次是房地产市场走入低谷。房地产市场因为去年的过度繁荣而透支了需求，加上诸多限制和扭曲房地产市场的政策影响，今年房地产投资增速大幅下降。再次是市场融资成本居高不下，压抑了民间投资，加上中央政府加大力度清理影子银行，地方政府偿息付本压力加大，波及地方的基建投资。这三种因素合力的结果，就是中国经济在今年一季度的增长率下滑至7.4%，虽然政府及时采取措施定向刺激，遏制了经济增速在二三季度进一步下滑，但也无力促使经济明显反弹。在通胀方面，由于国内需求疲软，美元升值，国际经济复苏受挫，国际大宗商品供应增加等因素，中国居民消费价格指数CPI已跌至2%以下，而生产者物价指数PPI则连续第二年徘徊在−2%左右。通胀压力完全消除，通缩压力稍有显现。

展望2015年，中国潜在经济增长水平会进一步下行，但周期性因素会有所改善。两相抵消，全年GDP增速相较2014年可能略有下降。明年能源和大宗商品价格会持续疲软，但跌幅会小于今年。中国整体通胀水平略有上升，消费者价格指数涨幅从今年的2.0%左右上行到2.3%，生产者价格指数涨幅从今年的−1.7%上行到−1.0%左右，通胀不会是一个主要风险。

从外部环境来看，美国经济复苏情况良好，但欧洲和日本的情况堪忧，中国主要的出口市场明年的经济情况从总体上来讲和今年应该差别不大。美国已经退出数量宽松，明年下半年开始加息是大概率事件，美元会保持强势，而人民币对美元大幅走弱的概率极小，因此明年强势人民币会影响中国出口。但另一方面，强势美元伴随着国际上能源和其他大宗商品价格下跌，因中国是能源和大宗商品进口的世界第一大国，中国经济从整体上来讲必然受益，表现在国家的经常账户盈余增加、企业因成本降低而利润空间扩大、居民因能源消费降低从而增加在其他方面的消费。反腐方面，对经济增长的负面影响基本出清，反腐方式由运动逐渐转向法治，地方政府不作为现象会有很大改善，中央政府的执行能力上升。如果说2013和2014年中国经济承受了反腐带来的短期痛楚，那么从2015年开始中国经济开始享受反腐所带来的红利。在城市基础设施建设和一些国家重大建设项目方面，去掉数字的虚假成分，我们认为实际的投资增速或能有一定反弹。最后在房地产市场方面，经历了今年的较大幅度调整，基数已经降低，而过去几个月的放松限购和放松限贷等政策调整措施更会在明年发酵。另外户籍和土地改革有望在2015年得到实质性的推进，有助于增加对大中型城市住房的需求。

在宏观政策方面，政府以稳就业、控风险为主要目标。为抵消短期不利因素，今年政府在春秋两季进行了两轮定向宽松和刺激，旨在保障充分就业，维持合理的GDP增速，同时避免过度增加金融杠杆和过度刺激房地产投资需求，控制金融风险。在财政政策方面，鉴于各级政府的财政存款上升过快，今年春季财政部曾发文要求加快财政支出。在货币政策方面，对比去年的手忙脚乱，今年人民银行的操作可圈可点。工具使用更为灵活，且政策目标更为清晰。银行间市场利率趋于平稳且维持在较低水平，符合中国目前低通胀的现实，也有助于降低实体经济的融资成本。在国开行内部成立住宅金融事业部来提供棚改和保障房建设资金，辅之以央行再贷款，不仅有助于托底稳增长，有利于地方政府降低融资成本，也能降低整个实体经济的借贷利率，同时又能降低整个金融体系的风险。从刺激方向和项目审批方面，今年的定向刺激政策吸取了以往的教训，规避了有可能导致产能过剩的产业政策，而以扶持具有长期功用的基础设施和保障房建设为主。在项目审批方面，在10月16日到11月5日这21天的时间里，发改委先后批复了16条铁路和5个机场，项目总投资近7000亿元。发改委批复项目如此密集，释放出明显的稳增长意图。就铁路而言，年初铁路总公司计划开工44个项目，后增加至64个，铁路计划投资则从年初的6300亿上调到8000亿。

2014年人民币告别单向升值，波幅扩大，套利性热钱流入基本绝迹。但可能考虑到要推动人民币国际化，维持国内资本市场稳定和防止资本外逃等因素，尽管美元不断走强，国际大宗商品价格大跌，国内通缩风险增加，今年迄今为止人民币对美元只是略贬，人民币对其一篮子货币过去五个月升值约6%，对中国未来几个季度的出口将会造成一定负面影响。

在利率政策方面，由于担心降低银行存贷款基准利率会过度刺激影子银行及房地产投资，影响领导层金融改革的形象，虽然众多人士呼吁央行全面降息降准，央行今年迄今尚未全面降息降准。客观讲，由于近年来的利率市场化，若不辅之以增加基础货币，单纯降低银行存贷款基准利率的意义已经不大。另一方面，在去年6月发生了原本完全可以避免的钱荒之后，央行一直在提升短期银行间市场利率在货币政策操作上的地位。和去年相比，今年短期银行间市场利率的波动性大幅下降，七天银行间市场回购平均利率下行了0.5%，央行的回购利率也下跌了0.4%。国债和各类风险债券的收益率呈现更大幅度的下降。

在基础货币和流动性供应方面，今年前五个月热钱呈流入状态，共流入1521亿美元，6月至9月呈流出状态，共流出605亿美元。今年受年初人民币贬值影响，民间包括企业的外汇存款前九个月共上升1667亿美元，远高于去年同期的423亿美元。与此同时，央行对外汇市场的干预也明显减少，央行通过购汇释放的基础货币由去年全年2.8万亿元骤降到今年前三季度的7880亿元。虽然央行通过常备借贷便利（SLF）、中期借贷便利（MLF）、央行再贷款及定向降准等办法，在今年向金融系统注入的资金实际上接近于三次全面降准，但这些非常规手段毕竟不是长久之计。央行这些定向注入流动性的新货币政策的优点是能够较为精准地支持某些部门的信贷，同时通过国开行向地方政府提供新增贷款的办法来降低实体经济融资的利率，但缺点也很明显：首先，央行未必能保证释放的流动性最后一定能精准支持中小企业和某些特定行业；其次，标准不严格、过程不透明和公告机制不通畅，给金融市场带来不确定性和部分寻租的空间。因此我们认为这些定向工具应该是特殊情况下的权宜之计，而非今后货币政策操作的常态。

由此，展望2015年，我们认为宏观经济政策会大致延续2014年的思路，继续以稳就业、控风险为主要目标。但随着新一届政府的权威和执政能力的提升、掌控经济自信心的上升和结构改革速度的加快，短期宏观政策的操作反而会更加独立，免受改革舆论的过多束缚。

在人民币方面，汇改将会朝着以一篮子货币为锚的目标迈进，人民币对一篮子货币的名义有效汇率将趋于稳定，从而避免今年大幅升值的情况。在基础货币供应方面，若外汇流入和央行购汇不足以满足经济增长的需要，央行实施全面降准的概率会大大提高。

在利率方面，央行会进一步提升短期银行间市场利率尤其是Shibor（银行间同业拆放利率）在作为基准利率上的地位。隔夜和7天的Shibor将更加稳定，平均利率相较今年或进一步下降。诸如弱化银行存款利率上限等其他利率改革会向前继续推进。同时以改革地方债务为契机，以央行再贷款的注资方式，以国家开发银行为中介，增加央行对地方政府新增信贷的供应，而省一级政府的发债额度也会在今年的4000亿元的基础上有大幅上升，从而能够进一步降低实体经济的融资利率。

在影子银行清理尤其是打破刚性兑付方面，一个更自信的政府必然会容许更多债务违约的发生。但出于维护政府信誉和防范系统性金融风险的考虑，又由于明后两年是地方债改革的攻坚期，我们认为地方政府债务违约的风险几乎为零。

经过两年的铁腕反腐，中央政府的权威上升。当前中国所面临的种种问题，使全国上下都感受到了改革的迫切性。许多改革方案在过去两年也得到了充分的讨论、经历了反复修改。由此我们认为2015年很有可能成为新一轮改革的真正元年。除了上面提到的人民币、利率、地方债等金融改革之外，我们认为户籍和土地改革必将成为2015年改革的重中之重。

在经济体制改革上，如果说要找到一个能够顺应民心，提高资源使用效率，促进社会公义和缩小贫富差距的最佳切入点，我个人认为一定是农村土地制度改革。改革的核心是给予农民更完整的土地权利，允许农民在取得城市户籍时保留耕地、宅基地和其他农村集体资产的权益，这样方能鼓励中国2.6亿的农民实现真正的城市化，而在农村也更有利于推行农地整合和规模种植。

经济新常态需要新心态

沈建光
瑞穗证券亚洲公司首席经济学家

  2014年10月，中国宏观经济数据陆续公布，代表经济增长动力的诸多指标如社会消费品零售、工业增加值、固定资产投资等数据仍在下滑通道之中，四季度经济增长与三季度持平已属不易，全年GDP增速低于7.5%已无悬念。明年（2015年）决策层下调GDP增速目标在情理之中。

  11月9日，国家主席习近平在APEC工商领导人峰会开幕式上发表题为《谋求持久发展　共筑亚太梦想》的主旨演讲，首次全面阐述了中国经济新常态的三个主要特征：一是从高速增长转为中高速增长；二是经济结构不断优化升级；三是从要素驱动、投资驱动转向创新驱动。并提出在新常态下，中国经济增速虽然放缓，但实际增量依然可观。即使是7%左右的增长，无论是速度还是体量，在全球也是名列前茅的。

  确实如此。如果将中国经济新常态特征放到更广阔的视野分析，不难发现自金融危机发生以来，不仅中国经济出现了这样的新常态，全球经济也步入了一个新常态，突出表现是全球经济增长整体低于危机之前，且结构性改革已经成为各国的重点。中国经济虽然在新常态下增速有所下滑，但在全球范围内表现仍然最好，是新兴市场国家增长的龙头。而在全球结构性改革缓慢推进的过程中，近两年中国加快改革的行动其实是十分不易的。因此，笔者认为，对待增速下调不宜过度悲观，对待全球与中国经济的新常态不妨抱以新的心态。

后危机时代全球呈现弱增长格局，但中国仍是发展中国家增长龙头

相比于危机之前（2006年—2007年）全球经济保持5.5%以上的增速水平，当前经济虽然已经有所好转，增长率比危机前仍下降约两个百分点，呈"弱增长"的格局。实际上，IMF在10月公布的最新一期《世界经济展望》中已经下调了全球增长预测，突出了复苏态势不稳、地缘政治影响较大等不确定因素，并将今明两年全球经济增长的预测下调至3.3%和3.8%。

具体而言，美国在发达国家中率先复苏，仍将是发达国家增长的龙头。不难注意到，当前美国经济已经出现诸多利好的迹象：如二三季度GDP环比分别增长4.6%、3.5%，10月失业率下降至5.8%，经济与失业两大指标均有所好转。

基于经济向好的态势，投资者甚至有观点认为此轮美国复苏正逐步达到"逃逸速度"——即令市场对未来做出良性预期，经济复苏得以自我加强并进入持续复苏轨道的速度。当然，笔者并不如此乐观，但基本认同可以恢复危机前2%~3%的增速。

相对而言，欧元区经济仍面临不少困境，诸多经济指标显示其有步入"日本化"的趋势，包括经济疲软、通缩严峻等。特别值得注意的是，早前表现相对较好的欧元区经济火车头德国，如今也遭遇重创，8月出口额萎缩5.8%，创2009年1月以来最大跌幅。因此，笔者认为，欧元区经济前景不确定性较大，相对于危机之前整体经济增长3%以上的增速，不难想象，这样的情景很难再现，更坏的情况是重蹈日本的覆辙，增长停滞与通缩加剧。

日本方面，今年（2014年）二季度经济下滑7.1%，降幅创2009年第一季度以来新低，使得安倍经济学遭遇了消费税上调之后的重大挑战。此外，今明两年仍有决定安倍经济学能否发挥成效的多个关键点，如9月的内阁洗牌、日本央行可能扩大超级货币宽松规模以及日本是否再次上调税率等，增长仍将面临较大不确定性。

在全球经济新常态下，与发达国家相比，新兴市场经济体出现了明显分化，整体增速比危机前8%以上的增速明显放缓，甚至增速回落至原增速的一半。

以金砖国家为例，印度今年二季度经济增速为5.7%，是少数表现不错的国家，这在一定程度上得益于有效的政策和信心的回升。俄罗斯与巴西经济着实令人担忧，其中，俄罗斯经济风险主要体现在地缘政治所引发的政策不确定性。巴西方面，相比于危机前如2007年高达6%以上的增长，如今已陷入负增长阶段，二季度巴西经济同比增速仅为-0.9%，环比增长-0.6%，已经陷入衰退。

相比之下，中国仍然是新兴市场国家中的亮点。虽然正如习主席在APEC主题演讲中表示的，中国经济将从高速增长转为中高速增长，但实际增量依然可观。即使是7%左右的增长，无论是速度还是体量，在全球也是名列前茅的。

特别值得关注的是，今年应对短期经济增长下滑，决策层反应及时，先后推出两轮政策应对，如5月的定向降准降息、9月底推出的改善型住房信贷支持。在此作用下，自10月以来，房地产销售回暖明显。

由于房地产是决定今年经济走势的关键，一旦房地产市场企稳，将有利于带动明年初与房地产相关的投资、消费，帮助经济在明年企稳。

此外，伴随着电子商务的快速发展，消费，特别是农村消费的快速增长也成为防止经济增长过快下滑的一大亮点。如此说来，在全球经济新常态之下，中国经济风险仍然低于其他国家，是带动新兴市场经济增长的龙头，不应以悲观的心态看待这种增长放缓。

诸多国家需要结构性改革，但中国改革推进的步伐已在加速

稳增长与调结构历来是政策平衡的焦点。全球经济进入新常态之后，有一个明显特征便是：未来一段时间，结构性改革将是各国面临的重要任务。例如，当前发达国家的增长虽然有所恢复，但主要是靠全球流动性宽松取得的，诸多国家的结构性改革进展仍旧有限。而几轮新兴市场动荡都说明了不少国家仍然存在明显的结构性问题。因此，在笔者看来，判断未来全球经济能否重新走向繁荣阶段，结构性改革是否加速推进无疑是重中之重。

具体来看，发达国家中，当前美国经济虽然有所起色，但主要得益于量化宽松政策推动的资产价格上涨，结构性调整进展缓慢。例如，美国主要依靠房地产实现复苏，美国生产效率提升有限，高消费、低储蓄没有明显改观，制造业占GDP比重仍处于低位，医疗负担沉重等与危机前表现相似。

因此，笔者并不认为未来美国经济的复苏是强劲的。鉴于耶伦思路越来越向格林斯潘靠拢，甚至试图通过货币政策代替劳动力市场改革，是充满风险的。在此背景下，笔者很难相信美国经济可以承受过紧的政策环境，预计加息最早也要到明年年底。

相对而言，欧元区结构性改革取得了一定成效，但仍长路漫漫，特别是鉴于当前欧洲经济通缩与经济低迷共存的特征，笔者认为欧元区日本化趋势可能难以避免。支持笔者做出上述判断的更深层原因很大程度上还有欧元区结构性矛盾，如欧元区劳动力市场体制僵化，欧元区的高福利与高税收广受诟病，以及内部缺乏单一主权国家的共识等，而毫无疑问，上述结构性改革能否加快是决定欧元区走势的关键。

当然，新兴市场国家改革似乎更有必要。从历史经验来看，几轮美元走势的急速变化，新兴市场国家都出现了危机。例如，20世纪80年代初的拉美金融危机和1997年的亚洲金融危机其实都与美联储的紧缩政策有关。而在近期美元趋势性走强之际，部分新兴市场国家也出现了资本外逃和本币贬值的压力。而上述危机的爆发都说明这些国家结构性改革的滞后，因此，如果美联储加息的时间晚于预期，新兴市场国家需要抓紧结构改革的窗口期，加速调整，以防止资金快进快出对经济体的冲击。

而在全球结构性改革缓慢推进的过程中，近两年中国加快改革的行动是十分不易的。特别是十八届三中全会以来，中国全面深化市场化改革的步伐有所加快，重头戏财税体制改革启动，包括"预算法"的修改已经通过，关于地方政府发债的限制也被改写，都有助于优化国家治理，化解债务风险。此外，金融改革、地方政府行政管理改革、新型城镇化建设也在加速。明年国企改革这一改革深水区，也有望成为改革落实的重点。

如此看来，在后危机时代，全球与中国经济都已经步入了新常态阶段。虽然中国经济在短期内有所下滑，但在全球范围内仍是亮点。结构性改革也在持续推进，好于其他国家，从这个意义而言，笔者认为，大可不必对中国经济持过度悲观的看法，以新心态应对新常态是必要的。

新常态下，增长或许将为改革让渡更多空间

当然，考虑到未来海外经济的不确定性与未来艰巨的结构性改革任务，笔者认为增长空间需要进一步放宽。正如习近平主席在APEC演讲中所提，在新常态下，中国经济即使是7%左右的增长在全球也是名列前茅的。因此，笔者判断明年增长目标有望下调至7%，低于今年7.5%的增长目标。

而展望更长一个阶段（如至"十三五"时期），笔者建议，未来几年将GDP目标管理引入底线思维是可以考虑的，即在当年政府工作报告中，把政府对增长的底线传达给市场，这样不仅可以避免政策频繁波动，为改革争取最大空间，也可以起到预期引导效果，让各级政府工作仍有的放矢。

当然，底线在哪里是值得探讨的。从技术角度而言，考虑这一问题的思路是根据对中国潜在增长率的测算，确定底线。如中国社科院副院长蔡昉预计，伴随着人口红利的消失，"十三五"时期中国经济增速下降至6.2%左右，低于"十二五"的7.6%。复旦大学张军教授预计在未来20年，中国无法维持过去30年TFP平均4%的增速，实现TFP年均2%~3%的增长尚属乐观，预计GDP的潜在增长率会在7%~8%范围内。

从实践的角度而言，采取谨慎尝试的方式或许更具有可操作性，毕竟从实践来看，中国增长从两位数回落至个位数进而降至7%左右从未出现，可以根据不爆发大规模失业与系统性金融风险这一底线，谨慎尝试。

例如，李克强总理在今年两会上便提及的7.5%的增长目标是考虑到新增就业、消化产能、避免债务危机、兼顾地方政府财政等诸多因素做出的，既有必要也有可能。在笔者看来，即便当前经济跌至7.5%以下，上述悲观情况也未出现，为调低目标提供了依据。

当然，更多技术性的讨论可以在未来一段时间充分细致地展开。在笔者看来，鉴于全球增长弱复苏格局已经形成，且改革任务十分艰

巨，未来几年增长底线下调可以更加大胆一些。

正如笔者早前文章《GDP目标6.7%又何妨？》中所提，考虑到"十八大"提出的2020年比2010年GDP与城乡居民人均收入两个翻一番的目标，前几年这两个指标的高速增长为接下来几年完成目标赢得了时间，如从GDP增速来看，2011年—2013年增速分别为9.3%、7.7%和7.7%，城乡居民人均收入增长分别为9.1%、9.8%和7.6%，接下来7年GDP只要保持6.7%的增速，城乡居民人均收入实际增速只要保持6.5%便可以实现，空间仍然不小。

当然，GDP增速为6.7%底线的提法目前看来仍然普遍低于市场预期，但由于其并非预期目标而是政策操作底线，笔者相信大概率事件是增长在此底线之上的，而此时宏观调控政策便可以减少动作，为改革创造相当大的空间。而一旦目标有跌破风险，也可迅速行动，而市场预期一致，也会有力地避免延误最佳政策时机。如此则目标清晰，无论在操作层面还是引导预期层面，都能起到更好的效果。

在"冬天"谋划、布局、投资

周其仁

著名经济学家、北京大学国家发展研究院教授

据我所知，管理学家通常看不上经济学家，反过来也一样。经济学家看管理学的东西觉得简单，管理学家却说："经济学那么复杂有什么用？"对此，经济学家的回答是：根据消费行为的研究，人们在收入低的时候消费有用的东西，收入越高消费的东西越没用。我开始以为经济学就够没用的了，才发现还有更没用的，那就是哲学、悖论。"理发师只给不给自己理发的人理发"，这些你知道了又能怎么样？收入越高，对于没用的东西可能关注就多一点。

宏观经济形势这个东西就没什么用。形势再差，也有很好的企业；形势再好，也有很差的企业。企业搞得好不好，跟宏观经济形势没有直接的关系，或者说，对宏观经济形势的分析，与多数企业都没有直接的关系。当然，金融的、全球的企业例外。

其实，这个形势现在没有什么太多好讲的，就只有

一个问题：下行。

经济下行，当然是有很多数据证明的，现在有些地区、行业、企业，真的是相当困难。但是，从整个国家经济来看，真正难受的，还不是经济增长速度在往下走——最近的数据大家都看了，PPI、CPI还在往下走——而是我们"从高位运行到下行"，而且不是像日本那种下行。日本是"增长2%变成增长1%"的下行，虽然难受，但没有我们这么难受。中国的GDP季度数折成年率，在2007年曾超过14%，而现在就只有7%，今年有很大可能是7.5%以下。从14%到7%，下降了一半啊。这还是个平均值，那么分摊到有的地区、有的行业、有的企业，那真是哗啦哗啦的了。

那么，怎么理解这个"高位下行"呢？我一直认为，"高位下行"比"低位下行"难对付，因为有巨大的惯性。曾经有一些省份GDP增长14%、15%，甚至有些超过20%，持续了很多年却一下子变成7%，这是很难受的。经济有很多惯性，我们也有很多的期望和预期，有不少公司、企业领导人和地方领导人，都希望经济增长再回到14%去，因为这种失调速度是很难受的。

中国经济"高位下行"的根本原因

所以，我想先跟各位分享一下，如何来理解这个"高位下行"。

如果你不理解"高位下行"，就不能很好地应对它，那样就会更难受。"高位"是怎么来的？这样一个大国，经济增长10%以上、11%以上、12%以上，反正战后其他国家没有看到这样的数的。这是不是我们中国人自己的努力呢？当然首先可以肯定是这一点，包括在座的各位的努力。然而，这也不仅仅是由于中国人自己的努力。中国人一直很努力，在改革开放前就有劳动积极性，却没有充分发挥。但是，为什么过去没有这么好的经济增长的成绩呢？这种"高位增长"有一个很大的坑，这是一个巨大的、全球化的势能的释放。所以，这不完全是由于中国人自己的努力，而是将"中国人的努力"放在"全球舞台"上进行评价所带来的。我们在过去很长时间内不做这种评价。底子薄再加上关门、封闭、冷战，就导致了长期的贫困。我们现在才理解，开放对于中国有多么重要。农民、工人的收入低，实际上就是成本低。关起门来却成本低，就白白低了一回，关门就只是中国公司自己之间的竞争，而开放后，就有了全球评价，中国人、中国产品、中国工人、中国的工程师、中国的管理者、中国的企业，都在全球舞台上被评价，这一评价就释放了一个巨大的势能。

这是为什么呢？冷战以后，这个世界上有另外一个"海平面"。战后以工业化最发达的7个国家为代表，他们都不关门，并互相投资、互相贸易。所以，在中国加入全球化进程之前，国际贸易主要是发达国家之间的贸易，国际投资主要也是发达国家之间的投资。紧接着，战后的技术革命、和平环境，让这些国家发展到一个很高的水平。我们关起门来独立自主、自力更生，这个都没错，错的是搞阶级斗争。人家没有搞这一套的就上去了，其参照系就变了。

什么叫工人、蓝领？他们一年收入应该是多少？我们不知道。我们只知道我们的工人，多少年来都是一个月赚50元人民币。虽然全世界的工人、蓝领在名义上都是相同的，但这个世界就是这样，一开门我们才发现，同样是蓝领工人，有的人收入竟这么高。我们看过很多发达国家的公司，他们生产一个产品就是这个价格，这个价格里就含着工人收入，含着资本的回报。于是形成了两个"海平面"，那么，冷战造成的这两个"海平面"相差多少？拿中国的参数来看，他们人均收入是我们的100倍。1980年我们说要在2000年翻两番，达到人均800美元，没翻之前是200美元，一翻后是400美元，两翻后是800美元。在我们人均200美元的时候，美国是多少呢？美国是人均13500美元，这样算虽然不到100倍，但是别忘了还有收入分配。我们是穷国，要搞知识积累，所以我们落到工人、农民、知识分子口袋里的钱，要比美国收入分配后落到个人口袋里的钱少很多。我们要挤出钱来、勒紧裤腰带搞国家积累、搞两弹一星。所以，在个人收入方面，不要说农民对农民，就是制造业工人对工人，也同人家差80倍到100倍。

1979年广州修建白天鹅宾馆，是由于改革开放引外资时，不能请对方住招待所，一定要有标准的hotel（宾馆）。宾馆里所有的硬件，甚至连水龙头都是进口的，厨师也是从香港请的。一个香港厨师的工资相当于100多位中国员工薪水的总和。这么高的工资也得付，人家不来，我们就只能继续穷下去。世界就是这样的一个秩序。

邓小平进行改革开放的作用就是在两个"海平面"之间打了一个通道。当"海平面"之间不通时，势能就不能释放出来，而一旦打开通道，实现对流，资本技术就涌到中国来了。为什么资本会进来呢？这是由于边际生产率的变化。同样的资本，跟美国年薪几万美元的工人结合，或是到中国来，哪一个回报高？这就是外资逐渐地进入中国的一个基本经济原理。当然，在这个过程中，环境要改善，观念要改变，法律要修正。当时，我们只想引进来一点外资，跟我们的劳动力结合；引进一点技术，来改变我们的落后，让中国发展快一点。谁也没有想到，中国会有这么大的产出可以出口。1980年，中国这么一个出口额99亿美元的出口大国，出口产品主要以资源性产品为主，包括大庆油田开发的石油，当时石油在国内没有什么需求，这像是抓一个大龙虾出口，中国人舍不得自己吃，而是用来换外汇买设备。这个是当年中国跟国际的来往方式。

外资、技术、商业模式、想法等一进来，再跟中国的工人、知识分子、企业家一结合，是会有这么多的东西的。上海洋山港现在是第一大港，我曾去访问过，那个老总20世纪90年代到鹿特丹学习的时候，简直就是吴下阿蒙，什么都看不懂。他跟我讲，看到国外那么发达的港机，他当时就在想什么时候中国的上海港也能有一台。现在你去洋山港看看，一两百台排成一条线，单位速度第一，总量世界第一，超过新加坡港。那用来运什么东西呢？"Made in China"（中国制造）。为什么中国会变成世界的工厂？我在人大上学的时候，天天听的就是十亿人口中有八亿农民，这就是中国国情。把农业变成制造业，把农民变成多少亿产业工人，这个是开放的结果。

一开放，有现成的市场；一开放，有大量的资本进来；一开放，我们可以学到过去难以学到的东西，这是"高位增长"最重要的一个原因。其标志事件是：2001年，中国签约加入WTO，2002年中国正式成为世贸组织的成员。随后，20世纪80年代以来改革开放的所有成果就在这个档口爆发。我们从多少年来流量可怜的贸易国家，变成世界上最大的贸易生产国家。在危机冲击之前，我们贸易顺差相当于GDP的11.7%，达到了最高。而创造外向主导模式的，当年是日本，日本最高的时候顺差占其GDP的5%。

所以，"高位增长"是有一个由来的，这里面有中国人努力的原因，但这个努力是被放到了"全球评价"中，才带来了高位增长。同样一个东西，美国工人做是个什么价？这个其实我们自己算过，20年、30年来我们的增长速度很高，但没有把父辈的积累算进去，其实我们上一辈穷了很多年。50元、60元的月薪拿了很多年，我们都没有算过。把这些一起算上，其实没有那个奇迹。

三种力量，促使中国经济"高位下行"

冷战、封闭让改革开放发生得很晚，而到1978年一开放就把战后形成的全球化的势能释放出来，这就是高位增长的主要原因。那为什么又下行了呢？

第一个原因，高度依赖全球市场。中国能不受全球需求的影响吗？我们好多时候进出口相当于GDP的66%、67%，而大国没有这个数。这样，美国经济一旦出事，我们怎能不受影响？2006年、2007年，出口影响20%、30%，到了2008年美国金融危机的影响一来，下跌20%，所以当年把4万亿放到经济里面去却没有见效。因为美国进口一萎缩，我们的出口就萎缩，沿海、农民工、GDP、财政、稳定全部都会有问题。再拖一拖，4万亿加上9万亿的信贷，一下就爬上去了。但是，我们经济毕竟主要是靠对外的，而国际经济就根本没有好转。虽然，美国政府的救市让美国没有陷入1929至1933年那种大危机，因此我们就以为还"有戏"，但其实是欧债出了问题。什么出了问题？政府出了问题。这个（欧债）对于全球信心打击非常大。市场出问题政府来救，那政府出了问题谁来救呢？只能熬，但这一熬就没有头了。所以，欧债危机对于全球的投资经济发展信心的冲击，比美国金融危机还大。中国作为一个后起的国家，从全球化中能够得到好处，但全球化受挫的时候，也会首当其冲受到冲击。这是经济被拉下来的第一个原因。

第二个原因：大量行政手段进入经济体。由于经济连年的高速增长，我们就得进行调控。上一届政府忙了10年，基本上都是忙调控房价、地价等。为什么呢？这有个宏观环境。美元进来了、顺差进来了、外国投资进来了。美元在中国不能花，花人民币要跟谁兑换？当然是跟商业银行换。商业银行美元在手，怎么在中国做生意？这就需要在外汇市场把美元投换成人民币。在这个过程中，我们这个"高度依赖出口"的国家，就产生了一个政策目标——要求人民币对美元汇率稳定。人民币在中国都是成本：雇工人、交税、买电，都是用人民币，生产出来的产品要出口，要美元起价，所以，人民币对于美元升一分钱，出口企业成本压力就上来了。2010年，我跟任正非在达沃斯论坛聊过一次。他说他的企业已经有很大的收入来自国际市场，受人民币兑美元汇率的影响很大。由于华为的设备在全球的生产基地还是中国，成本是人民币做，产品是美元计价。人民币对美元一升，那么，中国政府、央行就要维持人民币对于美元汇率的稳定。维持这种稳定就有代价，什么代价？进来1美元，你说我汇率稳定，7元对不对？那7元人民币就出去，你要变成6元出去就是升了。可是如果一天进来好几十亿美元，每天这样进。所以，我们大量的基础货币，去同商业银行换汇，就变成了国家外汇储备。国家外汇储备一条线地往上升，看起来很好。朱镕基到北京的时候，中国外汇储备只有180亿美元，来了以后搞了汇率并轨，一年增加320亿美元，这就是500亿，后来很快就是5000亿、1万亿、2万亿、3万亿、4万亿美元的外汇储备。这个机制是什么机制？主要都卖给央行。央行拿什么买？拿基础货币买。这样，基础货币就进入了市场，中国就进入不差钱的时代。货币太少了是不行的，太多了也是要出问题的。货币供应超过了商品、资本、服务的增长，物价就上涨。这个热那个热，这个涨那个涨，这样就需要调控。不调控，好多中国人就不好过，因为他们工资没有涨，消费没有增长怎么受得了。而调控，在我们这个正在转型的体制中，说是以法律和经济手段为主，但实际上是做不到的，一定要用大量的行政手段。因为中国是个政府非常强势的经济体，一调控，行政部门一起上，一个部委发文件不管用，五个部委联合发。增长太快出问题，就要勒着，要控制房价、控制地价等。我们的行政控制就是要进入经济体，但这个东西是有很强的滞后性的。为什么呢？因为为了宏观稳定要加强调控，到了下面的部门、处，这些就需要各种审批，不要小看审批这个事情，这是会上瘾的。

这是我们国家"高速增长"当中的一个代价：大量行政手段进入经济体。高速增长没关系，可一下行就发现：到处装着刹车、吸铁石，到处都在消磨企业家精神。由于过去穷，不办企业不可以；而现在生活都过得去，办企业太麻烦，企业家的斗志就下降了，企业家精神就衰减了。这是把经济拉下来的第二个原因。

第三个原因：中国是"债权经济"，而非"股权经济"。像中国这种经济，如今改革改了30年，我们还是以间接融资为主，银行为主，而银行就是债权。这个"债权为主"的经济，上去、下来都会放大。这是为什么呢？因为债务是一个杠杆。经济热的时候，大家对未来都是看好的，借贷需求非常旺，物价都在涨，物价减掉以后，真实利率是负的，谁借钱谁合算。借了钱买房，房价涨得都会超过利息，很多家庭都懂得这个道理。借钱买资产，资产涨得快，是很合算的。这个杠杆作用在好的时候会放大，而坏的时候，物价指数一下来，名义利率哪怕不变，真实利率就迅速转正。这是现在很多企业和地方表现困难的根本原因。股权为主的经济体，没有这个问题。股权这个东西，放进去不能退，好就分红，不好就一起赔，这是"股权为主"经济的特征。但我们是债权为主，好的时候会加倍好，而差的时候呢？最近很多行业财务成本上升，所谓财务成本大部分就是还债。很多人为什么跳楼了，就是想不通自己怎么会借了这么多的钱。他们忘记了市场好的时候借钱是很划算的，但市场一翻脸时才发现借了很多的钱。因为曾经利率是负的，而现在利率转正了，很多的行业、企业都被顶得很难受。

所以，以上这三种力量把中国经济拉下来了。

阻碍中国经济增长的"三块石头"

而中国经济一被拉下来，三大块石头就浮出水面了。这就是我在2012年11月所做的判断：水落石出。

第一块石头是成本。成本就是企业的开支，问题是什么时候开支？钢铁企业库存什么时候买的？都是大家看好的时候买的。即使钢价、矿石价还在涨，但涨也有人买。等到钢铁价一下去，过去买的库存就能顶死企业。如果是借钱买的，那就死得更快，因为要还息。企业是什么时候雇的人？在大家抢人的时候雇的，工资肯定高，工资不高，人就不会来。但当你的产品的销售量下降了，你能马上削减工资吗？这是很难的。因此，成本是第一块石头。

第二块石头是债务。由于债权合约都是在形势好的时候签的，随着真实利率的转正，债务就成了第二块石头。

第三块是过剩产能。市场好的时候，就会出现抢货，你上，我上，国家也上，国务院开会讲7大新兴战略行业。中国是一个大国，有个传导机制，怎么可以这样来定事情？聪明的农民，县长让他种什么他是不种的。可是，面对大项目时我们还是一起上，好产业都做得不好了。其实，是市场和政府两个力量一起推动了过剩产能，等到市场翻脸，外需没有了订单，可钱已经变成社会的了，这时你是撤还是不撤？你是停还是不停？有的行业还有连续性，不能随便说"没订单就关门"，所以还要接着做，这是很难受的。

以上这三块石头，就把国民经济顶住了。

变被动为主动：消化资本、重组债务、消化过剩产能

那么，这个时候，宏观经济要怎么应对？

首先，就是要知道"高位下行"是由不得你的。虽然我们可以通过"审批制度改革"来控制一些因素，这种变量是在中国内部。然而，外需不在我们的手里，是由不得我们的。"欧债危机"这个冲击力什么时候好转，现在还不知道，美国则是在刚刚有一点起色后又不行了。美国在困难的时期，其产业结构发生了很大的变化，制造业逐渐在发展起来。这是由于，中国的相对成本变化让很多美国公司回到本土去了，这就是新的全球格局。

我们需要改革，但改革没有那么快。国务院已经很着急，开始放松审批。但企业问，这对他们有影响吗？回答是没有影响。国务院已经宣布去掉了几千项，但这个不重要，重要的是还剩多少项。企业要跟剩下的去打交道，经常是把含金量小的放放。总的来说，改革不会

是那么快的。

如今的这个既得利益，中央做了决定，国务院也推行，然而这样的大国要实现"政策落地"，还需要一个过程。至于"真实利率"，这一把刀是很厉害的，这个需要经济学家做大量研究。

至于通缩，通常市场一翻脸就由"通胀"变成了"通缩"。20世纪90年代我们遇到过一次，通货膨胀达到24%，朱镕基大刀阔斧杀通货膨胀，在1997年突然开始出现通缩。这是什么道理？就是我们这个基本的金融结构里有一个问题：过度依赖银行债务。我们说要发展股权、发展资本市场，目标提出来了却没有落下来。现在，直接融资占整个社会总融资的比例没有比20年前增加多少。那这个经济结构遇到波动，就会有派生的情况出现。所以，难受是肯定的。

有几种措施，可以把我们国家从这种情况中拉出来：第一，消化资本；第二，重组债务；第三，消化我们的过剩产能。

现在，很多人的经济预期都很有意思，一看情况不好，觉得什么都不行了，这种预期就会互相传染，悲观情绪就占主导地位。所以，现在很多的企业很茫然，实际上是看错了时机，很多人认为不好的时候，反而是投资的时候。对此，要冷静地分析。

对外升级：新兴市场大有可为

从全球角度考虑，发达国家的市场一时还不会回到2007年以前，这个判断大概不会错。

但是，在危机之后，全球的总需求结构发生了重大的变化，新兴市场的份额大幅度地提高。最发达的7个国家与中国、印度、俄罗斯、巴西等7个最厉害的新兴市场国家放一起，总量哪一个大？当然是后一个大。然而，我们的"外向经济"到目前为止，很大程度还是习惯于最发达的那个市场，因为其购买力现成、出价高、基础设施完备、金融服务良好、物流非常顺畅。我们接单子生产，于是就成了世界的工厂。但很多新兴市场的特点不是这样的，比如有购买力但市场不成熟，要买货但基础设施不够、电量不够、港口不够、铁道不够等。所以，中国现在提海上、陆上两条丝绸之路，APEC会议宣布组建亚洲基础设施投资银行，这就是个重大的战略。

新兴市场这个板块还是中空的，我们实际上铺了多少货在新兴市场？几年前我去印度看，那里虽天气很热但没几家用空调，这两年才好一点。面对印度这个空调的新兴市场，中国物美价廉的空调却没有打进印度多少。而在俄罗斯的市场上都是欧洲货，日本货、韩国货都少，就更不要说中国货了。面对资源广大的新兴市场，毕业生包括我们北大的毕业生却都看不上，一讲就是美国、法国之类的地方。华为是怎样打进世界的？怎么去阿富汗的？那里是会有炸弹掉下来的，是要死人的。我们真正在这些市场上去开拓、耕耘的商人还是很少。大学生总说就业机会少，今年700万毕业生的签约率看了让人焦虑。我们为什么不走出去呢？我总说，下一个时代，是要小语种人才的时代。小语种的需求会急速增加，因为新兴市场有很大的空间，比如，印度尼西亚有1亿人，这是很大的市场，可我们现在的年轻人都看不上。

因此，外需不是没有市场，在国际上还是有很大的市场的。我们回想一下，1980年欧洲资本是怎么进入中国的？中国当时什么也没有，欧洲为什么借钱给我们？要知道这并不是自由外汇，不是"中国借这个钱想买什么就买什么的"，而是全部用来买德国设备，这就是今天工业设备都是德国设备的原因。今天我们的4万亿外汇储备，就不能倒过来做吗？为什么不能做外方信贷？没有电为什么不能去建电站？没有铁路为什么不能修铁路？为什么不借钱给别的国家，倒过来做BOT（建设—经营—转让）？当年外资为什么跑到大陆来修铁路和高速公路？就是为了20年的收费权，20年后再送给中国政府。我们现在要重新复习"80年代初外国资本进中国"的那些经验，并将它倒过来用，来开拓国际市场，等待欧美市场进一步复苏。总之，我的看法就是外需还是大有可为的。

对内升级：改变观念，在冬天投资

对内我们说的过剩，是大路货过剩，与进口货同样的东西，我们应该改进品质，这还是有很大市场的。大家看看现在进口的情况：阿里巴巴网站上很多东西都是进口的。为什么进口的东西多了？因为收入提高了以后，人们对于产品品质的要求也提高了。国庆节期间，我有一个朋友到德国去，回来带了一个双立人牌的指甲刀，那个指甲刀让我感叹：剪完以后怎么这么舒服？仔细看一下，它有两个弧度。这就是发达国家的产品品质。而我们的产业想要达到这样的品质还早着呢。中国的制造，尤其是精密制造，发展空间还非常大。我们为什么要买进口货？那些东西中国人都是可以造的，只是品质要差一点。就目前来看，中国的好企业，比如华为，按它手机业务的发展趋势，过几年发达国家就会遇到麻烦了。

当然，现在可以改善的两方面是：一是对外升级，二是对内升级。对于国内市场，我们的空间布局还早着呢。今天，还有65%的总人口是农村户籍人口，其中17%已经到了城市常年居住。这样的空间布局里面，就有大量的投资机会发展城市建设、城市管理等。我们现在要学会的是"跑马征地"，也就是政府主导的这个"跑马征地"，要真正地让这些骨头挂上肉，变成城市生活，有无数的事情可以做。

所以，我的看法是：当前是有些困难，但根据过去的经验，越冷的时候越是要调整预期。也就是要在所有人都说不好的时候，把未来谋划清楚；要在很多人还没有醒过来的时候，勇敢地决定投资；等人们都醒过来的时候，买啥啥贵，也就没你什么事了。很多人上在一个周期被咬了一口，被"三块石头"压得难受，想要放弃。但若真的放弃了，5年以后一定会后悔。因为这两个"海平面"，从100倍的差距缩减到现在，还剩下10倍呢。现在，很多人说"是人工把我们顶死了"，但发达国家怎么生产？苹果的工人什么收入？双立人是德国生产的产品，照样活下来了。所以，在这个时候要认清形势。当然，这一点国家也在进行部署，深化改革。然而，更重要的是什么呢？是产业界、企业界、第一线怎么认清现在这个形势，抓住这个战机。

所有优秀公司都是在冬天谋划、布局、投资，然后准备下一步的。等到别人看见的时候，看见的就是5年以后的成败得失，5年以后的市场份额，5年以后的风光云影。

第二篇
依法治国

依法治国的阶段目标和长远目标

陈有西

京衡律师集团董事长兼主任，一级律师，兼职法学教授

中共十八届四中全会将审议习近平总书记主导下形成的《中共中央关于全面推进依法治国若干重大问题的决定》，详细描绘法治中国新图景。

认真梳理一下中国改革开放期间逐步形成的依法治国理论和习近平在主政浙江期间首次明晰化的"依法治省"政治理念，其法治观基本上可以清晰地概括为：党的领导、人民权利和依法治国的统一。最近他又提出了"德主刑辅"，法治和德治的统一。这些观念貌似有一定的矛盾，但用阶段目标和长远目标的发展观去理解，就能基本理清脉络。

依法治国的观念，最早来自法学界。1978年，中共十一届三中全会以后，法学界总结"文革"教训，提出了限制权治、崇尚依照法律规则治国的思想。1979年9月，法学家李步云、王德祥和陈春龙发表了《论以法治国》这篇文章，从观念更新和制度变革两方面，详细论

述了应当在中国实行以法治国的方针。

此后，中国政治高层致力于经济建设，政治领域和法学领域关于治国方略的研究基本停顿，全国人大立法偏重于刑事法和商法，建立市场经济法律体系，政治理论的探讨和研究也一直没有很好地开展。

1996年，中共十四届六中全会通过了《中共中央关于加强社会主义精神文明建设若干重要问题的决议》，开始第一次出现了依法治国的提法。决议中阐述了社会主义精神文明建设与民主法制建设的关系。随后，中共浙江省委提出了依法治省的目标要求。11月2日，浙江省人大常委会做出了《关于实行依法治省的决议》。其渊源动因，就是"认真学习了党的十四届六中全会《精神文明建设若干重要问题的决议》，认为实行依法治省，是贯彻落实中央提出的'依法治国、建设社会主义法治国家'方针的坚实步骤，也是加强社会主义精神文明建设的重要保证"。

1997年9月，中国共产党第十五次全国代表大会在北京召开，将依法治国的方略提升到国家层面。大会报告中高度概括了依法治国的基本内涵："依法治国，就是广大人民群众在党的领导下，依照宪法和法律规定，通过各种形式和途径管理国家事务、管理经济文化事业、管理社会事务，保证国家各项工作都依法进行，逐步实现社会主义民主的制度化、法律化，使这种制度和法律不因领导人的改变而改变，不因领导人看法和注意力的改变而改变。"最后这句话，明显来自邓小平。

2000年，浙江省委做出关于进一步推进依法治省的决定。2002年到2007年，习近平主政浙江，先后任省委副书记、代省长、省委书记和省人大常委会主任。在浙江工作三年后，2005年年初，习近平在省委提出了"法治浙江"的理念。他亲自主持"法治浙江"重点课题，先后深入基层四十多个乡村、社区和单位开展专题调研。2006年，浙江省委做出了建设"法治浙江"的重大决策，颁布《中共浙江省委关于建设"法治浙江"的决定》，"法治中国"在省域层面开始大胆实践与探索创新。2007年2月3日，习近平在浙江省十届人大五次会议闭幕的讲话中说："和谐社会本质上是民主法治的社会。只有不断推进人民民主，提高法治化水平，才能确保发展健康安全、人民安居乐业、社会安定有序、国家长治久安。"

中共十八大之后不久，2012年12月，习近平在《首都各界纪念现行宪法公布施行三十周年大会讲话》中说：坚定不移走中国特色社会主义政治发展道路，从不断推进社会主义政治制度自我完善和发展的高度，提出坚持依法治国、依法执政、依法行政共同推进，坚持法治国家、法治政府、法治社会一体建设的思想。

2013年2月23日，中央政治局就全面推进依法治国进行第四次集体学习。习近平强调，全面建成小康社会对依法治国提出了更高要求。要全面推进科学立法、严格执法、公正司法、全民守法，坚持依法治国、依法执政、依法行政共同推进，坚持法治国家、法治政府、法治社会一体建设，不断开创依法治国新局面。他强调：中国已经形成了以宪法为统帅的中国特色社会主义法律体系，我们国家和社会生活各方面总体上实现了有法可依，这是我们取得的重大成就。

2013年11月，十八届三中全会通过《中共中央关于全面深化改革若干重大问题的决定》，60条决定中有5条专门涉及8个方面的法律问题。（详见陈有西2014年2月18日《中国民商》文章：《宪法法律权威的原则已经确立》）第一，落实宪法和宪政问题；第二，行政执法的改革问题；第三，司法独立问题；第四，司法方式改革问题；第五，关于人权保障；第六，废除劳教问题；第七，完善法律援助制度；第八，强调了加强和完善律师队伍的问题。

这次的十八届四中全会，将近二十年来依法治国的探索，直接上升为中央全会的主题。这在中共执政65年历史上是破天荒的。

习近平的依法治国思想，是从地方到中央，从局部到全局，逐步形成的。这次全会如果通过《决议》，将会成为全党的意志，也将迅速成为指导政府和司法机关行为，引导全国人民思维和行为模式的国家意志。因此，知道其内涵，理解其真实的含义和特征，是很有必要的。

习总书记构想的"依法治国"含义是什么呢？全会《决议》公布以后，应该会有一个比较明晰的轮廓。他最近的一系列讲话中其实也已经展示了基本的精神。他说："坚持党的领导、人民当家做主、依法治国有机统一，这是全面推进依法治国的重要指针。""坚持中国特色社会主义政治发展道路，关键是要坚持党的领导、人民当家做主、依法治国有机统一。""我们党的政策和国家法律都是人民根本意志的反映，在本质上是一致的。""党的政策是国家法律的先导和指引，是立法的依据和执法司法的重要指导。""宪法是国家的根本法，坚持依法治国首先要坚持依宪治国，坚持依法执政首先要坚持依宪执政。""凡重大改革都要于法有据，确保在法治轨道上推进。""坚持和完善人民代表大会制度，必须全面推进依法治国。发展人民民主必须坚持依法治国、维护宪法法律权威，使民主制度化、法律化，使这种制度和法律不因领导人的改变而改变，不因领导人的看法和注意力的改变而改变。""坚持依法治国和以德治国相结合，把法治建设和道德建设紧密结合起来，把他律和自律紧密结合起来，做到法治和德治相辅相成、相互促进。"

概括这些讲话，四中全会将要倡导的法治的基本含义：一是依法治国将加强和改进党的领导和主导，党的意志要通过制订法律来实现。二是人民主权和政党意志的高度一致，认为党代表了人民的根本利益，坚持了党的领导，就是坚持了人民主权。三是法律至上，宪法至上，党和政府等一切权力机构，都要在宪法、法律的范围内活动，把权力关进法律规则的笼子。四是改革要在法律框架内进行，行为要于法有据，行事要有法度。五是法治和德治并用，德主刑辅，德治为体，刑治为用，相辅相成。

可以看出，这些基本思想，尚没有完全理清和正面解决"权治"和"法治"的矛盾问题，政党意志和法律意志如果发生冲突，由谁最后决定的问题，法律的权力属性因素被突出，规则因素尚无明确的保障。但是，这种务实地从今日中国国情出发的渐进式的法治，在当前中国是最为现实的并能够为全党接受的将国家带向法治的一种阶段性目标方法。

法是人的意志。法的适用也要靠人，"徒法不足以自行"。因此，法治也离不开人的主观能动性，"法治"本质上也要靠"人"去"治"。从这个角度看，法治也是人治。那么，权治和法治，人治和法治，最大的区别是什么？有三大特征。

第一个特征，法治是多数人之治，法律是大家合意的表示，全民意志的表示；而人治是一个人的意志，凭批示，我这个领导要怎么办就得怎么办，这就是人治。多数人之治和个人之治都是治理，但意志来源和代表性不一样。这是法治和人治的最重要的区别。

第二个特征，是事先之治还是事后之治。法治是按照事先建立的法律规则进行法律适用的。"十二铜表法""商鞅立信"，都是事先立了规矩，向社会宣告颁布，令出必行，包括立法者自己，也要坚决遵守，这都是事先立法。而人治是事后立规，便宜行事，发生事件之后，再随机出台处理原则，随势而为，政策治国，跟着社会状况随时变化。

第三个特征，是理性之治还是运动之治。法治是将矛盾带上法庭，理性管理国家，让国家按照秩序，以法治的渠道来解决，稳妥而衡定。而人治是搞运动，像到处游行，把嫌疑人拉到广场上宣判，公开处理大会，一下子从重打击，一下子从轻放过。我们强调法治，就是要限制那种不受制约的随心所欲的权力，即习近平多次说的，把权力关进制度的笼子。

依法治国，包括用法律规则治国，用已经形成的成文法原则和规则治国。用法律的头脑、法律人的思维治国。规则是事先制定的，任何即时的权力都要遵守法度，这就必然会制约权力。对权力的限制和限制的方法，必将成为今后中国法学界、政治界反复争议的焦点问题。当权力和法律冲突时，政治家能够收敛权力，而服从规则。这就是法治的长远目标，不可能一蹴而就。现在先将依法治国这个概念完整地呈现，上升为执政党的全党意志和目标，是革命党向执政党转型的重要战略步骤，本身就是一种历史性的进步。习总书记的大多数构想，在强势控制的基础上，能够逐步实现。余下的问题，在深化改革中，再一步一步改进和消除，通过制度设计，慢慢解决。

中国司法改革困境

季卫东

上海交通大学凯原法学院院长

作为政治转型支点的司法改革

司法体制改革已经成为中国重组政府与市场之间关系的一个关键。

把司法改革作为国家治理体系现代化的切入口，并非某个人一时心血来潮，而是由社会发展的客观规律所决定的。既然改革开放已经到达一个崭新阶段，市场将在资源配置中发挥决定性作用，自由选择和公平竞争就势必成为时代的主旋律。为此，必须转变政府职能，最大限度减少行政部门对微观事务的干预，改变以"事先审批"为基本特征的管理方式。在取消审批的地方，市场机制将发挥调节作用，但也很容易导致被放任的自由以及力量对比关系决定一切事态。针对这种蜕变的可能性，必须通过明确的游戏规则来保障竞争的自由和公正，并对脱轨行为进行"事后矫正"。因而，在市场起决定性作用时，政府的权限不断被削减，相应地，法院不得不扮演起更加重要的角色。

市场竞争机制必然促进社会的功能分化和阶层分化，形成不同的利益群体，导致利益集团多元主义的政治格局。在这里，各种诉求的表达、协调以及凝聚共识就成为治理的基本任务，而国家权力只有保持中立性、客观性才能为不同的利益群体所共同接受乃至信任。为了避免政府与某个集团勾结在一起或者占优势的群体恃强凌弱，法治就成为社会各界的最大公约数。民众将要求法律面前人人平等，要求任何个体或团体都不得享有超越法律之上的特权。为了确保法律的执行不偏不倚，民众还将要求司法独立、程序公正以及辩护权得到充分的保障。由此可见，在争执的两者之间处于第三方地位的法院，理应成为最典型的中立者、最理性的判断者，理应成为宪法和法律最直接的实施者、最可靠的守护者。

司法独立与司法公正的中国式悖论

在这里，司法独立原则能否真正确立，具有决定性意义。但是，在当代中国，坚持党的领导的政治原则以及现实中大量发生的司法腐败，使得人们对司法独立在中国的现实可行性产生了根深蒂固的怀疑。本来，司法独立是司法公正的保障，然而，在反腐败的呼声中，司法独立似乎蜕变成了司法公正的障碍。

另外，既有的司法体制中存在的地方化与行政化倾向，也一直妨碍着司法独立原则被承认和推行。司法的地方保护主义被认为是司法不公正的典型表现。审判与行政不分，也为权力干预司法打开了方便之门。为此，2013年下半年召开的十八届三中全会提出了一个全面改革的方案，其中非常引人注目的举措是通过去地方化与去行政化，加强检察机关和审判机关的独立性。

众所周知，地方化与行政化是中国司法的两大病灶。因而，十八届三中全会在这方面进行改革的决定获得了高度评价。然而，具体推行时却在司法系统内部遭到顽强的抵制。

围绕人财物省级统管和司法独立的意见分歧

首先来看地方化的问题。由于各级地方法院和检察院在人事、财务以及设施等方面完全受制于同级党政权力，案件管辖的范围也取决于行政区划，使得司法活动不可能独立，因而就很难公正。司法的地方保护主义四处蔓延，不仅严重损害了司法机关的信誉，也使得国家秩序碎片化。

因此，在不能立即实施全国统一的司法预算管理和司法人事管理的条件下，十八届三中全会决定首先推动省以下地方法院、检察院对人财物进行统一管理，并让司法管辖与行政管辖适当分离，目的是通过司法体制逐步去地方化的举措确保实施规范的统一性，建立起"法律共同体"。

这样的改革是完全必要的，也获得了国内外舆论的好评，但似乎还存在这样的隐忧：司法行政权一旦集中于省高级法院之后，会不会反而使最高法院的协调能力变得更加弱势？由此可见，去地方化改革在具体实施之际，还面临另外一个重大课题，就是如何合理地、有效地重构最高法院与各省、直辖市、民族自治区高级法院之间的协调机制，进一步明确最高法院在全国法官人事考评、晋升以及司法预算方案审查方面的管理权限。检察系统似乎也存在类似问题。

更值得重视的是，近来我们还观察到一种不可思议的现象：当中央正式承认审判独立和检察独立时，身处司法第一线的法官和检察官不仅没有欢欣鼓舞，甚至还突然表现得忧心忡忡、顾虑重重，不敢接受独立的地位。这简直就是"叶公好龙"故事的重演。现在，中国的检察院害怕独立之后公诉的证据基础会被削弱，刑事侦查的质量要求得不到公安部门的支持，在法律监督方面也会出现有心无力的场面。法院则害怕独立之后的地位被进一步边缘化，司法经费得不到充分保障，判决执行率也会下滑。在基层，法官因工作太难、责任太大、待遇太低、风险太高而开始采取"三十六计，走为上计"的态度，有些地方的辞职者数量已经达到相当规模。这些新动向提醒我们，比较彻底的司法改革还需要一系列配套举措，需要特别注意客观存在的路径依赖和因果连锁，否则就会事与愿违。

法院的管理层害怕丧失行政性权力

再来看去行政化的改革。审判权与行政权纠缠不清是中国传统制度设计的特征，官僚机构的思维方式、管理技术以及垂直监督的逻辑始终支配着办案过程，使得司法独立原则根本就无从树立，保障权利义务关系的明晰性、稳定性的法律文书的既判力也无从产生。

十八届三中全会决定在去行政化方面的改革力度是空前的。最突出的一点是通过办案责任制明确审判主体，改变"审者不判、判者不审""案件层层审批"、责任归属不清楚的乱局。这就在实质上把审判独立的概念从法院系统作为整体的独立拓展到法官作为个人或合议庭的独立，构成六十年来前所未有的变局。与此相应的各种步骤如果逐一落实，势必导致法院体制的革命性变化。

因而，从2014年开始，司法改革主要采取或者有可能采取以下三项非行政化的主要举措：其一，通过主审法官制度削减庭长和院长的行政性权力，加大专业活动的权重，让审判能力较强的庭长和院长直接进入办案第一线。其二，重新定位审判委员会，矫正"多头处理一案""集体会议审判"之类的流弊。其三，重新定位上下级法院的关系，矫正超越审级制度的监督机制，明确审判权之间的相克性。

在去行政化改革之际，为了确保司法独立与司法公正相辅相成，防止司法腐败乘机作祟，十八届三中全会决定还推出了若干配套举措。例如建立符合专业特点的司法人员分类管理和身份保障制度，使法官、检察官等法律专业系列与行政官的公务员系列渐次分离；通过审判过程和检务的透明化、判决理由和案例的公开、执行情况的公开以及制度化司法参与等方式，杜绝渎职枉法现象；改进司法职权的配置，健全分工、制衡以及整合的机制，等等。

但是，去行政化的有关改革触动了管理层的利益，在法院内部同样遭遇了强大的阻力。很多庭长不愿意放弃行政职务和权力，仅仅从事审判业务。法官们则担心从此以后没有晋升途径。提高主审法官的待遇也受到行政管理人员和后勤部门的质疑。主审法官在有权签发判决书之后感到责任压力太大，希望还是通过原有的领导审批方式分散或转移错判的风险。

司法体制改革必须打破两个循环圈

这些奇妙现象告诉我们：司法改革正在陷入两难境地。过去在面对来自外部的干预时，法院和检察院在改革方面是存在共识的。但随着改革的深入，司法机构不得不面对自我革命的课题，共识开始破裂。这种两难也意味着，司法改革不可能继续靠局部的修修补补来推进，必须跳出既有的体制窠臼，按照法治的逻辑和解决现实问题的客观需求进行顶层设计。在司法体制改革方面，首先不得不指出一个最重要的前提条件：我国的审判机关和检察机关都不是闭合系统，没有形成自我完成的结构、功能以及含义。

从法律文本上看，最高人民法院被认为是终审机关，是就案件进行法律判断的终极权威。但实际上，最高人民法院受制于作为法律监督机构的检察院，对抽象行政行为以及导致规范冲突的行政规则没有合法性审查的权限，只能提交国务院法制办处理，几乎从来不对宪法文本进行解释。这导致审判活动以最高检察院、全国人大常委会、国务院法制办以及信访系统为枢纽，在法院之外形成了一个周而复始的循环圈，贯通法律的顶端与社会的基层。结果，法律判断的主体不仅多元化，而且异议相搅、互相牵制，造成多层多样的拼图式的秩序格局。

另一方面，最高人民检察院直接对全国人民代表大会负责的制度设计虽然有利于检察独立原则的贯彻，也有利于对行政权的监督，并且大幅度加强了检察机关的司法属性。但是，即便如此，最高人民检察院还是不能在公诉和法律监督等方面一锤定音。就刑事侦查而言，公安部门享有更大的权力，检察机关并不能真正有效地进行监督和节制。就法律监督而言，全国人大常委会、监察部、纪委、信访系统等等同样享有很大的权限。也就是说，检察活动也以其他国家权力机关、行政机关以及信访系统为节点和通道，在检察院之外形成了一个循环圈，使得权限和责任的所在变得非常暧昧。

只要上述体外循环圈没有被打破，层出不穷、永无止境的信访和叠床架屋的互相监督就会把现代国家治理的各种合理形式消解于无形，审判独立和检察独立就难以真正推动。而打破这样的循环圈，又有可能导致既有结构瓦解、既有机制失灵，出现整合的困境。总之，如何重构审判权与检察权的关系，是今后司法体制改革的关键。

重新定位中共中央政法委员会

在克服司法改革的这种两难之际，要考虑的制度改革事项固然很多，但其中有一个涉及前提条件的事情具有决定性意义，就是根据依法执政的指导思想重新定位中央政法委员会。

如果把现代国家治理体系理解为一个统一的、闭合的法治系统，那么，中央政法委的职责可以设定为切实管好它的入口和出口。入口在全国人大立法程序，执政党可以通过政法委进行不同政策之间关系的协调，防止部门利益和地方利益影响法律规范的合理性、连贯性。出口在司法文书执行程序，执政党可以通过政法委进行不同权力之间关系的协调，动员各种体制资源确保法律决定的落实。如果这样的制度安排是可行的，党的领导与法律至上原则和司法独立原则之间就不存在任何矛盾。

承认最高人民法院的宪法解释权

另外，要打破前面描述的那两个体外循环圈，在对有关组织法进行修改，特别是重新界定信访系统的职能之余，还应该追加一个有百利而无一害的宪法性规定，即承认最高人民法院享有在具体问题上的宪法解释权。试想一下，对法律解释和判断的终局性机关，如果无权在具体案件审理或具体权利认定之际根据需要参与宪法文本解释，岂非咄咄怪事？反过来看，承认最高法院的宪法解释权则是成本最小、对法治方式和规范思维的普及影响最大的一项司法改革举措。没有这样的举措，十八届三中全会提出的进一步加强宪法实施监督机制和程序、一切违反宪法法律的行为必须予以追究的命题就很容易流于空谈，人权的司法保障也无从着手。

承认最高法院的宪法解释权，目的在于使审判机关获得护宪的"尚方宝剑"，树立司法的权威。十八届三中全会的决定，实际上已经为这样的制度变迁提供了若干重要的契机。从所谓宪法具有最高权威、要进一步加强宪法实施监督机制和程序、一切违反宪法法律的行为必须予以追究的表述，可以合乎逻辑地推出一个结论，这就是应该开始筹建司法性质的违宪审查制度。

只有建立起司法性质的违宪审查制度，关于完善人权司法保障的命题才能真正落实，冤假错案的纠正和责任追究才不至于流于形式，行政执法与刑事司法才能有效衔接起来，法规、规章、规范性文件备案审查制度才能启动和顺利运作。

怎样认识律师的地位、作用以及职业伦理

也只有在这样的上下文脉络之中，我们才能准确领悟十八届三中全会决定中提出"普遍建立法律顾问制度"之议的含义。随着法治国家建设的进展，政府和企业都必须普及法律顾问的制度安排，以预防不断增大的违法风险，应对日益增多的维权诉讼。尤其是"政府律师"的设置和扩大，当会成为今后法律职业发展的一种趋势。但是，近期有些迹象表明，究竟应该怎样定位律师，还存在着尖锐的意见对立。

众所周知，中国传统的制度设计是排斥律师的。所谓"法无二解"的原则、特设专职官员负责"法律答问"的史实、严禁"讼师"的条文，都贯穿着这样的思路：法律就是主权者的命令，必须统一地严格执行，不容许就规范的文本进行解释和推理。如果说律师的思维方式是规范式的，司法官僚们内心中根深蒂固的思维方式就是命令式的。今天我们强调法治思维方式，针对的正是命令式思维的缺陷，目标当然就是要增大规范式思维的比重。为此，必须充分发挥律师的作用。

但与之相伴而来的必然是以规范的逻辑限制权力行使的发展趋势，这就会与权力意志发生冲突。

　　普通公民往往通过诉讼来认识法律通过律师来运用制度。律师能否得到当事人的信任取决于他的立场以及为当事人提供服务的质量，所以律师必须忠实于自己的客户，并最大限度调动自己的专业知识和技能来为客户争取最大限度的合法利益。只有这样，公民才会积极采取法律手段来解决纠纷和其他问题，法治的理想才能落到实处，秩序才更有正当性和权威。由此可见，一个好的律师就是敢于为客户利益而较真的律师。律师越较真，案件审理的失误就越少，司法的信誉就会越来越高。从律师的专业活动里，我们可以清楚地看到，加强规范式思维的成本和效用以及秩序的正当化机制。

释放社会是社会善治的前提

任剑涛

中国人民大学政治学教授

现代国家依靠三根支柱而稳定、发展和繁荣。这三根支柱是国家权力体系、市场价格机制和社会自治系统。三者各自需要安顿在现代制度平台上，以期实现国家权力体系的法治运作，市场对资源的高效配置，社会公众的自主、自治与自律。这是从传统国家强调统治逻辑转变为现代国家重视治理逻辑的体现。与此同时，三者之间必须展开良性的互动，形成一种精巧的平衡局面，从而保证整个国家实现善治。从统治到治理，是国家发展的一个结构性转变；而从治理跃升到善治，则是国家发展需要努力追求的目标。

社会善治，是国家善治的一个重要组成部分。社会善治显现为两种状态：一是社会公众分类分流展开自治和共治；二是国家与社会积极协商，解决各种棘手的社会问题。这样的社会处在一种安定有序、心态健康、积极有为、互助互爱的状态中，而绝对不至于陷入相互冷漠、暗中敌视、互相拆台、丛林游戏的恶性境地。如果承认社会善治与国家善治有一种一荣俱荣、一损俱损的关系，那么，人们也就会承认：善治的社会，一定为善治的国家提供优良的社会土壤；善治的国家，也一定会为善治的社会供给优良的法治和积极的政策。这是一种值得所有现代国家追求的社会治理状态，也是值得它们在现实中矫正治理失当、改进治理状态时应注重的治理基准。

中国是一个典型的转型社会。国家的经济发展取得了令世人称奇的奇迹，但是，国家的治理体系却还处在旧有的动员式氛围里，这是一种明显有碍于国家持续发展的情形。目前，举国上下都已经明确意识到，不建立现代国家治理体系，就不可能表现出现代国家的治理能力。相应地，中国的可持续发展也就前景堪忧。因此，理顺国家与社会的关系，划分清楚国家、市场与社会的边界，实现三者各自的善治，推进国家进入总体的善治状态，成为中国下一步发展的核心问题。

理顺中国的国家权力、市场机制和社会体系的关系，不是一件容易完成的任务。中国社会被国家权力束缚，即使假定国家权力乐见一个自主、自治与自律的社会，愿意与社会公众一起分享治理的权力与权利，起码也会遭遇两个重大难题：一是国家必须逐渐为社会腾出自主活动的空间，从而促使社会养成追求自身利益、利益合理分流和凸显社会公益的健康习性。二是国家必须有序退出自己所挤占的社会空间。退出太急，社会会陷入无政府的混乱状态；退出太慢，社会会逐渐丧失自主、自治与自律的能力，形成无赖社会的习性，一切都只好仰赖国家事无巨细、面面俱到的照顾，而这恰恰是任何国家都无法承担的沉重任务。

一个善治的社会，公众必须能够自由地思考个人责任、组织义务和互助关系，从而在日常生活和组织行动中，尝试承担起相关的个人责任与社会责任。

对今天的中国来讲，社会的一些无赖习性已经引起有识之士的关注。这与中国的国家权力疾速从社会微观领域退出有关。长期缺乏起码组织的中国社会，因此似乎成为一盘散沙。人们在日常生活中肆意享受不受国家权力制约和压制的细小自由，几乎不会为之感到紧张和彷徨。唯有在个人遭遇生活小事的折磨之时，才会罕见地想起社会秩序的必要性与重要性。与此相映成趣的是，中国的国家权力尚未打算从塑造社会的意识形态、强制制度和捕获社会的强势取向中淡出。于是，宏观的社会控制与微观的社会放任同时存在，让社会公众有些无所适从：一个善治的社会，公众必须能够自由地思考个人责任、组织义务和互助关系，从而在日常生活和组织行动中，尝试承担起相关的个人责任与社会责任。假如他们从来无法自由地思考责任与义务之类的问题，而是由国家不断地进行强行灌输，而这些灌输又受到审美疲劳和心理抵抗的双重抗拒，结果自然就是在微观社会的失序与宏观社会的控制之间出现背离。

这就是社会学家们所指出的，转型中国有可能出现的社会分裂、社会溃散与社会堕落。毋庸讳言，今天中国社会一方面呈现出令人鼓舞的现代社会多元化景象，因此充满了活力和新异，但另一方面，中国社会遭遇到的各种严峻且难以缓解的问题，令人忧心如焚。在日常生活中，部分公众所表现出的德行衰败触目惊心，这从处罚违规穿越红灯的人士、当事警察居然挨打的事件上可以得到印证。而老人以诈伤强迫救助自己的人士赔偿，更是让人们对善举产生刻骨铭心的怀疑，甚至发出道德虚伪的质疑。社会的暴力倾向，也被人们高度觉察到某些人群中彼此怀揣的敌意。更加使人慨叹的是，某些人对丛林规则的泛滥已经习以为常：山东农民以剧毒农药深埋地底，种植销往城市的生姜，而记者采访他时，他异常轻松地以一句"反正我不吃"就自如应对了。岂不知别人也正在或打算这样对付自己呢？这样的回答，着实反映其对是非善恶的可怕冷漠。

与此同时，社会的公共准则似乎也显得纲纪松弛、缺乏约束力度。中国人的公共关注力度本来就弱，加上公共参与的机会稀缺、参与效能低下，公众关注公共事务的习性也就很难养成。与此形成对照的就是人们对公共规则的掉以轻心，对公共事务的冷漠以待，对破坏公共利益的事情不闻不问，对公共事务采取的暴力性心态。中国社会的妥协与协商行动是罕见的，流行的是赢家通吃理念。这种社会态势主要体现为两种基本惰性：一是公众诉诸群体事件表达诉求，而政府致力于构建维稳体制。在公众与政府之间，缺少理性的社会组织来尝试调适政府与公众的关系。二是部分公众对社会悲剧事件，尤其是党政部门的意外事故或失职事件幸灾乐祸。人们不愿意以理性的态度对待党政机构职能的心态，以这种扭曲的方式表达出来。结果导致整个社会的是非善恶观念严重走样变形：对伤人、死人之类的悲剧事件缺少起码的同情心，对聚众闹事的事件缺乏基本的判断力，对政府失职事件缺乏应有的理性干预。

国家必须释放社会公益组织的活力，不仅应放手让公众建立社会公益组织，而且要为公益组织提供广阔的活动空间。

社会有社会的固有逻辑，那就是社会公众自主、自治与自律的逻辑。这样的逻辑，与国家按照权力类型分工制衡的法治逻辑，迥异其趣，但中国长期混淆国家与社会的不同逻辑，一直行走在以国家权力控制社会的轨道上。国家以捕获社会的姿态对待社会，社会也就可能会被国家吞噬，国家的权力逻辑代替了社会的权利逻辑。社会公众就此丧失了自主自治的空间，也就完全仰赖权力的支配，缺乏权利的观念自觉和理性行动能力。

在实行市场经济三十余年的当代中国，社会复杂到远超乎人们想象的地步。中国社会的复杂，一方面与高度发达的分工与合作体系有密切关系。市场经济是促使社会分工与合作体系高度发达的经济体系，这与小农经济时代以家庭为基本单位的简单劳动方式，有着天渊之别。不过麻烦的是，今天中国的权力部门习惯以看待小农经济的眼光，打量市场经济。结果天真的眼睛看不清复杂的市场，也就在情理之中。另一方面，则与中国社会自身结构的高度分化紧密联系。随着市场经济的纵深发展，中国社会成为一个高度流动的社会。每年仅仅在春节期间，中国的流动人口就超过了10亿人次，这是改革开放前人们完全无法想象的事情。何况流动的社会在阶层、集团、组织上的不断重组，对它的治理，远远不是一个按照权力逻辑下贯的党政机构所可以完成的任务。

再一方面，国家权力的"高大上"追求，与社会区分为不同群体并依照日常生活的需求展开的低端、小气、没档次的生活，迥异其趣。这本身就注定了国家捕获社会一定会造成的后果：国家愈是努力控制社会，社会愈是行进在疏离国家的道路上。

试图实现中国社会的善治，前提条件就是国家释放社会。国家腾出社会空间，致力于治理好那些属于国家权力领域的事务，社会公众以自主自治的方式治理好社会的事务。国家与社会，除开以法律和政策供给的方式发生关联以外，必须被区隔为两个互不干扰的领域，让它们各自沿循法治和自治的轨道，有效地运行起来。

对今天的中国来讲，国家怎么腾出社会会空间呢？这需要确认国家必须腾出的一些社会空间领域。一是要释放社会的赢利空间，也就是市场空间。如果说中国实行市场经济的三十多年时间，国家已经在经济活动的微观领域腾出了市场空间的话，但试图实现社会的善治，还必须进一步承诺市场活动的独立性。国家按公权公法的原则管理市场，市场只要谨守国家法规，党政机关就没有干预市场的理由。中共十八届三中全会确定了混合所有制的企业权属体制，但混合到什么程度，权属关系如何厘清并加以法治化确定，都是一个为市场腾出活动空间的大问题。要谨防将混合所有制搞成国家捕获市场的手段，变成国进民退、吞食民资的简便方式以及权钱交易的方便法门。

二是要释放社会公众的组织空间，让散沙般的社会能够按照业缘、地缘与趣缘组织起来。社会公众一般都处在工作与生活的两重空间里。在工作中，他们当然要服从职业规定，同时还要服从工作组织中的科层安排。除此之外，他们也需要建立起根据职位、责任等相关因素自然分流的社会组织。这样的组织，不是行政科层的组织，而是团结互助的工余组织，这是社会组织的一种重要类型。同时，在日常生活中，不管处在什么岗位上的人员，都有通过业余生活以化解工作紧张的需要。按照不同的兴趣，人们有权组织反映自己兴趣的社会组织。这些组织依循成员们约定的原则，展开高度自由和相互协商的集体活动。

三是要释放社会公益活动的空间，让公民们可以有一个互助互爱的自治天地。国家必须释放社会公益组织的活力，不仅应放手让公众建立社会公益组织，而且为公益组织提供广阔的活动空间，促使公益组织发挥不需国家到场就能发挥出来的社会功能。这就一方面将党政机构从一定的社会互助事务中解放出来，专心处理好公共权力事务；另一方面也会促使社会的自治、自救、自助，养成社会成员相互间关心、帮助的良好习性。这对一个社会进入安宁、互爱的伦理状态，无疑具有重要的推进作用。

建立新型社会治理体系的宗旨是社会组织各归其位、各尽其能。

腾出社会空间，不等于社会就能马上进入不需国家权力的自主、自治与自律状态。除开社会治理还需要逐渐积累自治的经验以外，社会的自治体系也还需要认真加以建构。

社会的自治体系，一方面是一个国家与社会空间有效区隔、合理划分的组织依托，另一方面也是一个让社会所有成员都有组织依靠的复杂建制。需要注意的是，社会自治体系，不是针对部分成员建立起来的自我治理体系，而是所有社会成员都可以和能够进入其中的社会空间。

今天中国党政机构的工作人员，自身的社会权利保障状况，并不比非权力机关的从业人员得到的保障更好。党政官员的社会权利，不仅应当受到法律和政策的保护，也应当像非权力部门的从业人员甚至是无业人员那样，自己组织起来，保护自己的权利不受侵害，依循法律、政策和组织规则，维护自己的权利。党政机构从业人员的权利有保障，他们才会致力于保障公民权利；他们有安全的保证，公民的安全才不缺乏公权的保护。

同时，需要强调，今天中国建构社会自治体系，不需要在现行体系之外，完全白手起家建构所谓崭新的社会自治系统。应当像非权力部门的从业人员甚至是无业人员那样，自己组织起来，保护自己的权利不受侵害，依循法律、政策和组织规则，维护自己的权利。党政机构从业人员的权利有保障，他们才会致力于保障公民权利；他们有安全的保证，公民的安全才不缺乏公权的保护。

激活中国已有的社会组织体制活力，乃是建构中国社会自治体系的一个重点。当然关键还是致力于打造新型社会治理体系。建立这一体系，宗旨是：政党的归政党，国家的归国家，协会的归协会，商会的归商会，学会的归学会。总而言之，社会组织各归其位，各尽其能。仅就狭义的社会组织而言，发挥商会的行业自治功能，是矫正今天中国市场紊乱必须要做的。一个能够自我有效约束的商会，就能保证一个有效的行业秩序，人们就不会担忧出自这个行业的产品是让人放不下心的有害产品。如果整个国家有依法运作的商会对工商业进行自我治理，那么市场的秩序就无须担忧。

政界与学界的组织分流，也显得严重不足。党政机构的从业人员与学界人士都在"学会"的名义下展开社会活动，这是必须重构的社会组织状态。协会应当成为党政机构人士在工余、业余活动的社会组织，学会仅仅是从事专门研究而且是排除从事对策研究的党政机构研究部门的专属性学术组织，是学术共同体的自我治理机构。今天遍布全国的各种协会，基本上都是各级官员当会长。这就容易将学会搞成了官僚俱乐部，基本上没有什么学术含量，而且学会的权力执掌者长期不变，完全没有会员自治的活力，基本上激发不出成员的参与热情。因此，让协会的归协会，学会的归学会：协会成为党政机构从业人员工余或业余协商相关事务的社会组织，学会真正成为学者展开学术共同体自治的学者组织，以前者有效提高党政机构的管理水平，以后者明显提升学术界的研究水准，进而促使社会进入一个自我高度组织的良性状态，凸显社会善治的可期局面。

国家需要顶层设计，但顶层设计应该是社会竞争性设计。在一个高度自治的社会中，国家才有可能获取持续发展的不竭动力。

社会善治要求理顺国家与社会的关系。理顺这一关系，需要人们认知两个相互之间形成鲜明对比的状态。一是国家捕获社会，一方面将立体的社会压扁，强行使之服从国家的权力意志，使社会完全缺乏活力。另一方面造成社会对国家权力的全面依赖，结果整个社会成为国家权力的负担，而国家被这样的社会逐渐拖垮。二是国家权力与社会自治分流而行，党政机构依照法律行使国家权力，社会公众依照各种机缘自己组织起来，有效自治，结果党政机构的权力绩效令人满意，社会公众的自主、自治与自律能力高企，国家的发展就此得到强大保障。何去何从，在中国努力实现国家治理体系与治理能力现代化的进程中，结论是不言自明的。

近数十年，中国一直处在党政权力机关对社会大包大揽的状态中。改革开放以来，旧有的、国家通吃一切的机制已经发生了重大改变。这些有限的改变，大大释放了中国的市场活力，带来了国家的经济腾飞。不过，经济领域活力的释放，不是国家结构合理化的产物，而是国家既定结构不变，仅仅着手微观举措调适的结果。中国要想持续地发展，就不能不直面国家结构调整的严峻现实。在确定了国家结构必须落定在现代治理体系的目标上，国家必须具备现代治理能力的基础上，就必须启动相关改革，努力完成相应的改革任务。

无疑，社会善治是构成中国国家善治的一个重要组成部分。一个僵化的社会，绝对支撑不起一个强大的国家。改变中国党政权力机关强力约束社会的陈旧思路，按照循序渐进、稳中改良、寻求实效、促进自治、实现自律的进路，建构一个活力四射、安宁有序、尽心创造的社会，乃是中国可持续发展的决定性制约条件。这是现代化史呈现出的、一个国家之能够跻身发达行列的既定道路。中国试图进入发达国家的行列，就不可能跳出这一国家发达的既定逻辑。

以社会治理来激活国家能量，是中国超越此前的粗放式发展模式，进入技术推进型发展的必经之路。以社会治理和善治激活国家能量，势必要求国家调整发展的陈旧思路。其一，将国家发展事务作为整个国家所有成员的共同事务，以国家所有成员的积极参与，拓展国家发展的广阔空间。在当下，集中体现为社会公众对国家发展道路的积极探究。国家需要顶层设计，但顶层设计只能是社会竞争性设计。国家的所有成员都可以对国家进行顶层设计，这样的竞争性社会就可以推陈出新、劣中选优。不释放国家道路探讨的社会能量，国家高层领导的眼光就打不开，国家发展获得的社会支持力度就不够，国家发展的智力资源就处在短缺的状态，国家的发展也就可遇而不可求。

其二，社会创新机制对于中国未来30年的发展至关重要。只有在国家所有成员都努力进行社会创新、技术创新和国家治理创新的情况下，国家的总体治理与善治才有可能获得深厚的现代动力。国家保证社会的自由程度，与国家发展的持续过程，是紧密联系在一起的。国家保证自由的方式，与国家的法治状态、社会的自治情形完全勾连在一起。国家创新体系建设与国家控制之间是可以谈判的。只有在一个高度自治的社会中，国家才能获取持续发展的不竭动力。

其三，国家释放社会，使社会可以根据不同群体的愿望合法自治，必须做好担负社会压力的心理准备。不能指望社会一旦自治，国家权力当局就可以当"甩手掌柜"。国家只有持续不断地为社会自治提供法治支持、政策保障、资源供给，才能与社会良性互动，既从中获得社会维护国家稳定的能量，又因此得到国家善治的深厚社会动力。

年轻司法官为何人心浮动

张建伟

清华大学法学院教授、副院长

站在司法机关的外围，对于司法体制改革的动向可以感受到一些欣慰、一些鼓舞，尽管当前的司法体制方案和目标只算是差强人意，即使多年后真正实现了超越地方主义，实行中央节制，也只是实现了对于司法的中央集权体制。而这种体制在中国几千年的政治、司法历史中早就存在，还不能与现代法治要求的司法体制直接画等号。

对于司法人员来说，摆脱地方权力的控制，司法机关的独立性向前迈进一步，无论如何都是值得欣喜的事情。弱化行政官僚体制，强调司法官的专业化，提出"由审理者裁判，由裁判者负责"，都是符合司法规律和向现代司法原则靠拢的改革措施。司法人员应对于司法前景燃起希望，为之怦然心动才是。然而情况未如人们预想的那么乐观，实际上面临司法体制改革，司法人员尤其是年轻的司法人员感到惶惑，人心浮动，甚至辞职另谋他就，法院存在的这一问题比检察院更为突出。这一现象正在引起有关部门甚至一般民众的关注，对未来司法体制改革有何影响有待进一步观察。

令年轻司法人员感到不安的，是正在试图推行的主审法官、主任检察官制度以及未来要实现的法官、检察官的员额制。主审法官制度（一些地方称为"审判长负责制"）和主任检察官制度是在现有的法官、检察官中遴选法律素养好、业务能力强的法官、检察官为主审法官、主任检察官，以他们为核心组成办案团队，团队中包含若干司法官、司法官助理和书记员。主审法官、主任检察官制度的改革思路是优化主审法官、主任检察官的职权配置，强化主审法官、主任检察官对各自团队的监督，形成权责明晰、结构合理、公正高效的司法权运行机制，实现司法人员及其司法活动的专业化。司法以团队为基本单元进行，实行团队成员之间分工协作，以团队化运作、团队化管理、团队化考核的方式进行司法活动，为此建立主审法官、主诉检察官的选任机制，设立主审法官、主诉检察官的选任委员会，本着一定原则和特定程序选出主审法官、主诉检察官，再进一步组成办案团队。

法官、检察官的员额制基于这样一种设想：合理确定法官、检察官的员额并在一定时期内保持稳定。确定员额的方式是根据近5年以来法院、检察院的受结案件数并根据合理确定的法官、检察官应当办理的案件数两项相除，得出的数量再考量办理案件的其他因素（如诉讼类型、程序类型、案件性质等）进行适当调整，最终确定相对固定的人员数额作为法官、检察官的员额。再由法官、检察官数额按办案团队的规模确定办案团队的数量以及主审法官、主任检察官的数额。

这两项改革，不但没有在年轻法官、检察官中起到鼓舞人心的作用，反而造成士气低迷、人心浮动，有的法官甚至一走了之。虽然每年都有法官、检察官辞职另谋高就，但是在深化司法改革的大背景下出现法官辞职现象（有人甚至称之为"法官辞职潮"），颇耐人寻味。例如2014年3月12日《解放日报》报道："2013年，上海法院辞职的法官有七十几名，较2012年有明显增加。据调查，这部分离职法官多为35岁至45岁的高学历男性，法学功底扎实，审判经验丰富，不乏中级人民法院副庭长之类的业务骨干。某区法院去年有10名法官离开法院，其中某庭甚至出现'集体出走'现象。"法官出走的势头并没有因深化司法改革的措施进一步明朗化而止歇，今年法官出走现象引起社会注意和议论。例如2014年7月19日《北京青年报》报道："一封300多字的辞职信、三张制式统一的表格，终结了北京基层法官张伟16年的职业追求。曾经晒过月工资5,555.8元的他反复强调，不是钱的事儿，'加薪能保证法官不挨骂吗？能保证不加班吗？能保证岗位轮换按意愿发展吗？能不用做维稳化解信访回复吗？'"检察官也存在出走现象，但是严重性不如法院。司法人员出走的主要原因是利益考量，法官感觉"工作压力重、工资待遇低"，不如一走了之。当然，离开司法岗位的原因，不光是钱的事。

年轻法官、检察官对于司法体制改革的惶惑来源于对于未来的职业发展缺乏信心，首先在利益权衡上，办案数量增加，办案责任加大，工资待遇偏低，他们对司法体制改革的预测是这一局面短期内难以改变，当下的改革可能造成他们既得利益的进一步丧失或者预期利益更难到手，如主审法官、主任检察官制度推行之后，主审法官、主任检察官成为实质意义的法官、检察官，编入主审法官、主任检察官办案团队的法官、检察官的司法权被掏空，变成司法马仔，有的甚至就地卧倒，由法官、检察官降为法官助理、检察官助理。实行员额制后何时能成为法官、检察官还是个未知数，因此感到前途渺茫。

主审法官、主任检察官制度作为司法体制改革的组成部门而且是司法机关自行摸索的改革。导致法院、检察院年轻人士气低迷的原因，在于这项改革措施根本不符合司法体制改革的一般规律和发展趋势。司法机关提出"去行政化"的口号，究其实质不过是"去行政符号化"。主审法官、主任检察官制度建立起来的办案团队，恰恰是在强化行政化。它们不过是体制内加强人员管控的外衣。司法规律要求尊重每个司法官个人的办案主体地位，承认他们有独立、平等的理性能力，授予其法官、检察官身份的时候确认他们有独立的办案能力。主审法官、主任检察官制度导致司法办案中的级别控制，强调团队意识而泯去司法独立人格，与司法体制改革应当解放对司法人格的束缚和向法官、检察官放权的应有发展趋势背道而驰。

法官的英文是Judge，意思是"精于判断的人"。每个法官在办案时都应当是一个孤岛，本着理性和良心进行裁判并独立对自己的判断负责。这本来属于司法体制建构的常识。我国集体作坊式的司法使法官不具有独立处理案件的资格，久而久之也失去了独立处理案件的意识，成为"襁褓中的法官"，这种司法体制使庸常之士因有所依赖而可以逍遥地充当南郭先生，使杰出法官不易脱颖而出，反而湮没无闻。

检察体制虽然奉行检察一体化原则，但是在这个原则下许多国家和地区也承认检察官办理案件的相对独立性，赋予其自主处理案件的权力，避免强化司法官僚体制。在我国台湾地区，法律界对于检察官办案自主性给予肯定，有检察官对于层级节制式的检察人事制度和官僚体系的考绩制度加以批评并指出："按检察官职务之性质，有主张为行政官，亦有主张为特殊之公务员，各有见地；然笔者一向主张检察官为司法官，主要理由在于检察官的职务性质，在于公正执行法律，其本身应立于行政体系之外的超然立场，此种职务性质，乃现代司法官的特质，而行政官则无此项特质。从而，如以行政考绩制度加诸检察官，则形同将检察官归类为典型的行政官，自属检察官的司法性格不符。"另外，他还抨击书类送阅制度，"即检察官结案之书类须送主任检察官、检察长审核，再送交行政部门盖印之后，始对外公告"，这本是"行政官僚体系层级节制的特质"，不应移用于司法体系，造成"检察体系内部行政、司法不分的乱象，允宜早日改善"。

司法体制建构应该有利于司法独立人格的培育，如承认"法官是一个孤岛"是现代司法规律的必然反映，司法体制改革方案应当具有增强司法独立人格的明确的功能取向。我国当前实行的司法体制改革，不断加强对司法人员的管控，强化行政体系控制和考绩制度，主审法官、主任检察官制度不过是这个过程中的一环。这种强化团队作业而泯去司法独立运作的体制，会造成司法人员自我价值实现的愿望落空，挫伤法官、检察官的积极性和进取心。马斯洛将人的需要区分为生理的需要、安全的需要、归属和爱的需要、尊重的需要、自我实现的需要、对认识和理解的欲望、对美的需要，这些需要是与生俱来的。其中，"自我实现意味着发挥自己的聪明才智"，也就是说，自我实现是对自己的天赋、能力、潜力等资质的充分开拓与利用。这样的人能够实现自己的愿望，总是尽力去完成他们力所能及的事。一个人有机会去实现自我，他就会专心致力于他们认为重要的工作、任务、责任或职业。自我实现的人很少自我冲突，他的个性是统一的，这使他有更多的精力投入工作，并具有健康的心态。

司法体制内过度的控制只会扼制一个人实现自我的动力，也就"谋杀"了促成高素质的法官、检察官的心理机制。在高度管控的团队式体制内生存，是一种艰难的适应过程，年轻法官或者检察官若有更好的出路，会本着自身利益的需求而寻找更能够实现自我价值的机会。以此观之，一些年轻的法官，包括骨干法官、检察官的离去，是有其体制上的原因的，不完全基于金钱利益的考量。因此，笔者主张重新研讨主审法官、主任检察官制度的团队式司法的制度设计，并且将注意力转至人员分类管理和员额制度改革上，真正按照现代法治原则建立现代司法体制。

第三篇
改革建言

哪些经济改革值得期待？

李稻葵

清华大学经济管理学院经济学讲席教授、博士生导师

十年磨一剑

说这一轮改革人们期待了10年并不为过。过去10年，中国经济迎来了极为快速的发展。中国经济不仅没有被加入WTO后激烈的国际竞争所压倒，反而表现得出乎意料地优异。中国不仅举办了北京奥运会、上海世博会等一场接一场的盛会，也应对了国内外的各种严峻考验，包括金融危机、特大地震等。由于社会各界的精力高度集中于这些重大事件，改革退居后台从而停步不前，尽管国内外学术界不断地呼吁深化改革、推进改革。改革的停顿也的的确确使得中国经济和社会沉淀下了种种矛盾，在经济运行层面，出现了民营投资乏力、金融体系风险聚集、部分地方政府财政困难、国际贸易摩擦频发等问题。

这一系列的问题，使得中国社会有了共同的呼

声——改革到了非进行不可的时候。这种共识，来之不易。当前，自上而下的决心已经形成，那就是全面地深化体制改革。共识不易，决心更难。这一轮改革关系到中国经济未来10年的走势，关系到中国社会、政治、经济体系未来的大格局，也关系到政府提出的两个"一百年"的目标能否如期实现。

毫不夸张地讲，这是一个期待了10年的改革，是关系到中国未来几十年走势的改革，十分令人关注。

新一轮改革"新"在何处

这一轮改革新在何处呢？

如果说1978年的改革发轫于农村，1984年的改革将其经验推向了城市，1992年的改革将主要精力集中于市场经济体制的确立，1994年的改革又是全面市场经济改革的铺开，那么，这一轮改革的新意是，它将触及政治、经济、社会领域的种种深层次问题，触及中国这一庞大经济体的骨髓，从而重构其造血功能。

具体说来，这一轮改革将不仅仅局限于经济领域，它还将涉及法治体制、政府行政管理体制、教育与科技管理体制、社会管理体制等一系列与经济运行密不可分、对缓解社会矛盾至关重要的领域。这一点都不奇怪，当前影响中国经济运行的症结已经涉及超越经济体系本身的一系列重大问题，可以说，影响中国经济的是政府行为的问题，是政府行政体系的问题。比如，地方政府盲目追求GDP，中央政府某些部门紧抓权力不放，通过行政审批、专项拨款等方式，直接对地方市场经济进行干预，从中寻租，这是政治层面的问题。而部分民众对市场化改革并不认可，担心在市场化进程中自己的利益会相对受损，究其原因，又是社会管理体制出现了问题。这是由于基本社会福利体制尚未全面建立，而市场经济发展的收益并没有通过适当、合理的政府干预加以再分配——其中涉及对超额利润的征收以及基本社会福利的发放，从而使得市场经济发展中的部分短期失意者没有得到充分的补偿。再比如，由于司法体制设计不合理，导致司法依附于行政，许多经济纠纷无法通过司法体系依法裁决，证券市场内部人舞弊、大股东侵占小股东利益、金融市场内幕交易等行为不能得到司法体制的惩罚和纠正。再比如，基础教育、文化、卫生等政府必须大量投入的带有公益性和普惠性的公共产品供给不足，使得这些原本为公益性的部门不得不在市场竞争中谋取利益，由此带来了公共领域的过分市场化。

这一系列的问题都告诉我们一个道理：仅仅在经济体制上做文章已经远远不够了。中国市场经济以及社会的问题必须在政治体制、社会管理体制与经济体制的结合部下功夫。若这种软关节的问题不加以解决，不但中国的市场经济体制难以推进，社会民众的怨气难以化解，经济发展的长远动力也将难以维系。这就是这一轮改革要解决的重要问题，也是这一轮改革与之前改革的根本不同。

改革的方式本身需要改革

这一轮改革的方式也值得期待。

过去10年，在谈到改革问题的时候，往往特别强调"顶层设计"。实践证明，这种"顶层设计"的思路往往变成了"顶层争议"；而"顶层争议"又往往变成了议而不决，裹足不前。改革本身不同于具体的工程设计，从本质上讲，改革是不可能"顶层设计"出来的。"顶层设计"无非是指出一个探索的方向，许多重大问题必须从实践中找到答案，必须发挥基层的创造性。

这轮改革完全有希望让改革的方式重新回到早期改革的大思路上

来，发挥基层的创造性，因地制宜探索各种改革的方案。比如，户籍制度的改革必须因地制宜。中国各个地区的生态承载能力大不相同，发展格局大不相同，人口饱和度也大不相同，因此，不同地区的户籍具有不同的"含金量"。户籍改革本质上应当由各个地方根据自己的社会、经济、生态、百姓认知等实际情况提出方案并加以推动。与此相关的是土地问题，不同地区百姓的市场经济理性禀赋完全不同，土地价值和人均土地拥有量也完全不同，因此，土地问题不可能一刀切，只可能在若干粗线条的原则指引下，让各个地方分别探索，逐步地让土地在有规划的前提下流转起来，给农民更多的实惠。

改革方式的创新还体现在让实践走在争议之前，以实际效果来判断是非。改革是前人所没有尝试过的伟大实践，任何理论都不可能给出百分之百正确的答案，只能让实践走在争论的前面。而中国最大的优势就是大国经济和超大型社会，地区间的差异和超大型的社会规模恰恰是让各个基层单位发挥创造力、想象力，不断探索的最佳条件。

值得期待的经济改革措施

就经济领域而言，若干重大的改革措施值得期待。

一是关于国有企业的改革。国有企业经过20世纪末的整顿和改革，已经呈现出运行相对良好的局面，利润总体上讲并不差，但问题出在整体效率并没有真正提高上。国有企业的机会成本很大程度上是民营企业的禁入，因此，国有企业本身利润水平的高低并不能完全证明国企经营的好坏。值得期待的是，这一轮改革的重点将是落实混合所有制，将国有经济与国有企业分开，国家将不直接插手国有企业经营，相反，国家通过控股投资公司的方式投资于国有企业、民营企业等，而民营企业本身也可以由国有企业入股，从而让国有经济与民营经济更好地、有机地结合在一起。这里的一个案例是广汽集团与吉奥汽车的合作，其合资公司中，广汽集团占股51%，吉奥汽车占股49%。这个广州国企与浙江民企的合作创造了一个以市场为导向的新合作方式，可以发挥双方的优势，使得国有经济的基础更加牢固，而企业的运行机制也更加灵活。这是一个非常值得关注的改革方向。我们期待，中国国有企业通过改革逐步改造为一系列类似于由新加坡淡马锡、新加坡政府投资公司或者韩国国家投资公司等投资基金持股的企业，中央政府和地方政府通过长期持有相关投资基金获得稳定的财政收入。这也是宏观经济稳定运行的重要基础。

二是金融体系的改革。金融体系经过上一轮改革，已经脱离了商业银行资不抵债、技术性破产的困境，出现了蓬勃发展的局面。但问题在于，商业银行仍然在金融体系中占大头，而商业银行的规模过分庞大，导致其利润过高并挤占了其他金融机构的发展空间，也造成金融机构对中小型企业扶持、资助不力的不良局面。值得期待的是，随着国家打开民营经济进入金融体系的大门，大量民间投资的金融机构将像雨后春笋一样涌现。这些规模相对较小、运营相对独立的金融机构将会更加直接地为中小型经济实体服务，而区域分散的投资也将在很大程度上化解金融风险集中于若干大银行的尴尬局面。这将使得大银行更加专业化，在金融体系中的比重下降，而实体经济尤其是中小企业能得到来自金融部门更多的帮助。同时，相当一部分民营经济也可以进入金融体系中，通过它们的运作让中国的储户得到更好的投资回报。

三是进一步放开对民营经济的限制。当前，民营经济体拥有大量的资金，可是总体上讲找不到合适的实体投资方向。对金融部门，民营经济是有兴趣的，但更重要的问题是如何引导民营经济投资到实体经济中去。这一轮改革将从本质上大规模放松行政审批的限制，让民营经济自己投资、自己负责。可以预见，民营经济进入大型制造业、公共服务投资领域，进入之前属于垄断的石油勘探、页岩气等部门的限制将会在很大程度上放松。在这个过程中，可以期待中国会出现一批正规的、国际化的民营企业。之前投资于房地产的民营企业有可能效仿香港地区李嘉诚的投资模式转向实体经济，这样的局面将是中国经济长期繁荣的根本保证。

总之，这一轮改革是过去10年中国社会各界反复呼吁、长久期待的关键性的全面改革。这一轮改革成功与否，将直接关乎中国能否实现2021年"第一个百年"目标，也关乎中国未来市场经济的大格局和基本的制度框架。如果这一轮改革能如期而至、扎实落实，中国经济在经过一两年相对痛苦之后，将有可能重新回到增速接近甚至超过8%的良好局面。

四中全会《决定》：破局现代治理

刘胜军

中欧陆家嘴国际金融研究院执行副院长

2014年10月28日，备受瞩目的十八届四中全会《中共中央关于全面推进依法治国若干重大问题的决定》（下称《依法治国决定》）正式公布。该决定与2013年十八届三中全会《中共中央关于全面深化改革若干重大问题的决定》（下称《全面改革决定》）相呼应，成为新一届领导人治国的施政纲领，也是观察中国未来经济社会变迁的"姐妹篇"关键性文件。

反腐是法治建设的重点指向

从中共十八大以来空前的反腐力度来看，新一届领导人已经意识到当前腐败的严重性，"亡党亡国"不是杞人忧天。由习近平总书记担任《依法治国决定》文件起草组组长，中纪委书记王岐山担任副组长，就释放出这样强烈的信号。

王岐山曾经指出：当前反腐是治标为治本赢得时间。显然，四中全会依法治国是反腐从治标走向治本的转折点。

在全面提升法治效能的同时，党内法规被上升为反腐的利器。《依法治国决定》提出：（1）党内法规既是管党治党的重要依据，也是建设社会主义法治国家的有力保障。（2）完善党内法规制定体制机制，加大党内法规备案审查和解释力度，形成配套完备的党内法规制度体系。（3）党规党纪严于国家法律，党的各级组织和广大党员干部不仅要模范遵守国家法律，而且要按照党规党纪以更高标准严格要求自己。

这一点，也是依法治国坚持"中国特色"的重要体现。

缺乏法治的市场经济将步入险途

十八届三中全会《全面改革决定》提出了60项、336条改革，但其核心还是经济领域的改革，中心任务是"让市场发挥决定性作用"。好的市场经济，必须是公平竞争的市场，而法治是确保公平竞争的不二路径。离开法治，必定出现"权力搅买卖"的格局，最终将陷入吴敬琏所警告的权贵资本主义的险途。正如《依法治国决定》所言，"社会主义市场经济本质上是法治经济。使市场在资源配置中起决定性作用和更好发挥政府作用，必须以保护产权、维护契约、统一市场、平等交换、公平竞争、有效监管为基本导向，完善社会主义市场经济法律制度。"

法治的重要性已经在过去10年得到了反向验证：法治的不完善，导致特殊利益集团的崛起；特殊利益集团的膨胀，又进一步加剧了法治的边缘化。这是一个可怕的恶性循环。吴敬琏反思说："在改革初期有一个非常天真的想法，认为只要搞了市场经济一切都会好起来。但是经过这么多年，我改变了这种天真的想法。现在各级官员支配资源的权力太大，使得腐败几乎不能遏制。我当时自己也觉得市场经济是一条非常好的道路，但是有一点现在回想起来没有注意到，就是既得利益集团的出现。"

对于市场经济与法治的逻辑关系，习近平总书记在"关于《中共中央关于全面推进依法治国若干重大问题的决定》的说明"中指出，"三中全会对全面深化改革做出了顶层设计，实现这个奋斗目标，落实这个顶层设计，需要从法治上提供可靠保障"。

依法治国的关键是"激活"《宪法》

《宪法》贵为国家的根本大法，在实践中其效力有时还不及一些领导的批示。形成这种局面的根源是宪法实施机制的缺失。中国不仅没有建立违宪审查机制，而且最高法院规定：法院的判决不能直接引用《宪法》来判，只能以具体的法律来判。这直接导致了《宪法》被虚置。

习近平总书记多次指出：宪法的生命力在于实施，宪法的权威在于实施。依法治国，首先是依宪治国；依法执政，关键是依宪执政；法治权威能不能树立起来，首先要看宪法有没有权威。

针对这一关键命题，《依法治国决定》提出从以下角度入手：（1）完善全国人大及其常委会宪法监督制度，健全宪法解释程序机制；（2）加强备案审查制度和能力建设，依法撤销和纠正违宪违法的规范性文件；（3）将每年12月4日定为国家宪法日，在全社会普遍开展宪法教育，弘扬宪法精神；（4）建立宪法宣誓制度，凡经人大及其常委会选举或者决定任命的国家工作人员正式就职时公开向宪法宣誓。

在上述四点措施中，第一点旨在通过宪法解释，让宪法活起来；第二点旨在通过"撤销和纠正"给宪法装上牙齿；第三、四点是至少先从形式上尊重宪法。

党与法的关系是核心问题

中国的《宪法》赋予了中共领导地位，于是就产生了党既要领导法治又要遵守法制的难题。《依法治国决定》要求"把党领导人民制定和实施宪法法律同党坚持在宪法法律范围内活动统一起来。"

习近平总书记在《依法治国决定》起草说明中指出，"党自身必须在宪法和法律范围内活动。党和法治的关系是法治建设的核心问题。全面推进依法治国这件大事能不能办好，最关键的是方向是不是正确、政治保证是不是坚强有力，具体讲就是要坚持党的领导，坚持中国特色社会主义制度，贯彻中国特色社会主义法治理论"。

约束公权力是法治的重点

一个社会不能没有秩序，因此需要公权力（必要之"恶"），但如何驾驭公权力，确保它不侵犯公民的私权利，这是法治所要面对的核心命题。一旦公权力缺乏有效的制约，其"恶"的一面就容易膨胀。例如，过去10年，在巨大的经济利益驱使下，各级政府不断卷入征地、拆迁、工程项目、招商引资、乱收费、设租寻租、干预司法……李剑阁先生曾经在2012年感叹，"这几年政府强化监管，我个人觉得已经到了不能理解、不能容忍的程度。"

对于如何约束政府行为，防止它变成"到处乱摸的手"，《依法治国决定》提出：（1）健全依法决策机制。把公众参与、专家论证、风险评估、合法性审查、集体讨论决定确定为重大行政决策法定程序；（2）建立行政机关内部重大决策合法性审查机制，未经合法性审查或经审查不合法的，不得提交讨论；（3）积极推行政府法律顾问制度；（4）建立重大决策终身责任追究制度及责任倒查机制。

此外，降低"民告官"的难度，是培养官员法治观念的最有效途径。《行政诉讼法》是其主要的法律依据，但在实践中时常不能"认真"起来。《依法治国决定》提出，"健全行政机关依法出庭应诉、支持法院受理行政案件、尊重并执行法院生效裁判的制度。完善惩戒妨碍司法机关依法行使职权、拒不执行生效裁判和决定、藐视法庭权威等违法犯罪行为的法律规定"。

这些措施，对于帮助各级政府官员形成懂法、守法、敬畏法律的意识是非常必要的。

环境污染是正在发生的社会危机

最近两年不断加剧的雾霾，成为每年关注度最高、持续时间最长的公众事件，这凸显了环境污染危机的严重性。20世纪70年代，罗马俱乐部在《增长的极限》报告中非常深刻地指出，"没有环境保护的繁荣是推迟执行的灾难"。现实已经不允许我们继续抱有"先污染后治理"的幻想。李克强总理在2013年《政府工作报告》中呼吁"向污染宣战"。

《依法治国决定》对环境污染问题给予了重点关注，提出"用严格的法律制度保护生态环境，加快建立有效约束开发行为和促进绿色发展、循环发展、低碳发展的生态文明法律制度，强化生产者环境保护的法律责任，大幅度提高违法成本"。其中，"大幅度提高违法成本"是治理污染的关键。不久前通过的《环境保护法》修正案，已经打破了原来法律关于大气污染50万元、水污染100万元的罚款上限。

司法规制"城管"

几年来，城管暴力执法已经成为社会毒瘤，民众闻城管色变，这完全背离了设立城管的初衷。城管队伍屡屡成为社会不稳定的制造者。

《依法治国规定》对于执法规范问题给予了重点关注：（1）推进综合执法，大幅减少市县两级政府执法队伍种类，有条件的领域可以推行跨部门综合执法。（2）理顺城管执法体制，加强城市管理综合执法机构建设，提高执法和服务水平。（3）严格实行行政执法人员持证上岗和资格管理制度。（4）严格执行罚缴分离和收支两条线管理制度，严禁收费罚没收入同部门利益直接或者变相挂钩。（5）完善执法程序，建立执法全过程记录制度。（6）全面落实行政执法责任制，严格确定不同部门及机构、岗位执法人员执法责任和责任追究机制，加强执法监督。

司法公正关乎社会稳定

对中国这样一个人口大国而言，社会稳定的重要性不言而喻。要实现真正的社会稳定，具有公信力的司法是主要防线。遗憾的是，过去10年司法公信力遭遇空前危机，导致上访、群体性事件激增。司法公信力不彰，关键原因是司法腐败。

习近平总书记犀利地指出："司法领域存在的主要问题是，司法不公、司法公信力不高的问题十分突出，一些司法人员作风不正、办案不廉，办金钱案、关系案、人情案，'吃了原告吃被告'。"不仅如此，司法也沦为政府官员掠夺利益的"便利工具"。

司法独立是司法公正的前提。提升司法独立，是《依法治国决定》最大的亮点，也是着墨最多的领域：（1）建立领导干部干预司法活动、插手具体案件处理的记录、通报和责任追究制度；（2）建立健全司法人员履行法定职责保护机制。非因法定事由，非经法定程序，不得将法官、检察官调离、辞退或者做出免职、降级等处分；（3）完善主审法官、合议庭、主任检察官、主办侦查员办案责任制，落实谁办案谁负责；（4）最高人民法院设立巡回法庭，审理跨行政区域重大行政和民商事案件；（5）探索设立跨行政区划的人民法院和人民检察院，办理跨地区案件。

上述举措，在十八届三中全会"省以下法院检察院人财物集中到省一级"的基础上，进一步提升了司法的专业性、独立性，特别是巡回法院的设立，更是对美国等法治完善国家经验的大胆借鉴。

如何减少冤假错案是一个时代命题。习近平总书记说："我曾经引用过英国哲学家培根的一段话，他说：'一次不公正的审判，其恶果甚至超过十次犯罪。因为犯罪虽是无视法律——好比污染了水流，而不公正的审判则毁坏法律——好比污染了水源。'这其中的道理是深刻的。"

要减少冤假错案，就必须建立起"程序正义"。"程序正义"的精神就是"宁可放过100个坏人，也不能冤枉一个好人"。要做到这一点并不容易，我们在现实中看到了太多的有罪推定、律师权利缺乏保障、审判前就"供认不讳"、官方媒体在法院之前就"自行审判"，等等。

《依法治国决定》强化了"程序正义"的重要性：（1）健全事实认定符合客观真相、办案结果符合实体公正、办案过程符合程序公正的法律制度。（2）推进以审判为中心的诉讼制度改革，确保侦查、审查起诉的案件事实证据经得起法律的检验。（3）全面贯彻证据裁判规则，严格依法收集、固定、保存、审查、运用证据，完善证人、鉴定人出庭制度，保证庭审在查明事实、认定证据、保护诉权、公正裁判中发挥决定性作用。（4）加强人权司法保障。强化诉讼过程中当事人和其他诉讼参与人的知情权、陈述权、辩护辩论权、申请权、申诉权的制度保障。健全落实罪刑法定、疑罪从无、非法证据排除等法律原则的法律制度。完善对限制人身自由司法措施和侦查手段的司法监督，加强对刑讯逼供和非法取证的源头预防，健全冤假错案有效防范、及时纠正机制。

扩大公众参与是实现法治的关键动力机制

法治的根本意义在于"把公权力关进制度的笼子"。公权力当然不会自动就范，而是会想法设法把法治"为我所用"，实现部门利益和地方保护主义法律化。在这样的利益博弈中，要避免法治被特殊利益集团绑架，就必须扩大公众参与。

在扩大公众参与方面，《依法治国决定》明确了以下机制：（1）增加有法治实践经验的专职常委比例，依法建立健全专门委员会、工作委员会立法专家顾问制度。（2）对部门间争议较大的重要立法事项，由决策机关引入第三方评估，不能久拖不决。（3）明确地方立法权限和范围，禁止地方制发带有立法性质的文件。（4）探索建立有关国家机关、社会团体、专家学者等对立法中涉及的重大利益调整论证咨询机制。（5）拓宽公民有序参与立法途径，健全法律法规规章草案公开征求意见和公众意见采纳情况反馈机制。

结束语

正如《依法治国决定》所言，"全面推进依法治国是一个系统工程，是国家治理领域一场广泛而深刻的革命，需要付出长期艰苦努力"。

让我们以高度的热情、极大的耐心、持续的参与，来推动法治中国的进步。

关于如何全面深化改革的几点看法

彭　森

全国人大财经委副主任委员、中国经济体制改革研究会会长

解放思想与实事求是

　　中国的改革是从十一届三中全会开始的，解放思想、实事求是的思想路线也是那个时候确立的。在改革过程中，我们经常说，发展无止境、改革无止境。什么叫改革无止境？首先要解放思想，思想能走多远，改革的路子才能走多远。所以，中国改革开放36年来，开了几次三中全会，都是以思想解放作为最典型的范例，每一次大的思想解放又带来大的改革理论、改革发展的突破。应该说，去年（2013年）的十八届三中全会决定又拉开了一次思想解放运动的序幕，从理论到政策上破除了很多传统观念的束缚，突破了很多利益固化的藩篱。但是，在改革的实践中，僵化的思想、传统的观念、惯性的思维和一些工作方式还是常常阻碍了改革的进程，使中央很多正确的方针、明确的政策和具体的部署都难以落地

甚至失控。所以，怎么解放思想是大家特别关注的问题。我想讲三个观点：

第一，解放思想首先要鼓励改革理论和实践的探索创新。小平同志过去讲，允许改革犯错误，但是不允许不改革。所以，改革者要敢想、敢闯、敢于探索，同时从中央和各级政府要保护改革者、保护创新者，特别在理论战线上要注意不能一改革、一创新、一探索就有人想扣帽子。现在讲这个，应该强调的是要加强改革的专业化程度，特别是理论研究、理论探索的深度，只有理论彻底，才能有无畏的思想解放，所以，理论研究有多深、多透，思想才能有多解放。

第二，讲思想解放，一定要尊重人民群众的始创精神，要尊重实践、尊重创造，改革要接地气。开这次会之前我去看了安志文安老，他95岁了，思路非常清晰，他就要求改革一定要深入实际，要接地气，要考虑地方改革的实际经验。我理解，他是说基层是改革的直接实践者，最坚持实事求是。也只有真正做到了实事求是，才能开拓思想解放的道路。

第三，真的思想解放靠什么？实际可能最重要的是靠倒逼机制。就是说，真正遇到了危机、挑战，必须要闯关的时候人们的思想可能会真正解放和提升。举一个简单的例子，过去发改委掌握了一些很重要的投资、项目核准的权力，过去地方热电哪怕很小的一个装机，也要到能源局、到发改委去批，我问过他们当时的主要领导，为什么要部门来批？答案非常多，关键一点就是如果不走这个程序，就不放心。最后有没有不核准的、不批的？没有。现在是什么情况？出现了一些腐败案件，中央高度重视，发改委领导同志也感受到了震动，要转型。所以，不仅热电提出不再批了，包括火电的燃煤机组将来也要放下去。可见，我们只有真正遇到危机和问题了，才能思想解放、实事求是。

再说一个问题，现在虽然"十二五"规划把增长指标设为预期性指标，但是，从中央到地方还是把GDP指标实现作为政府工作的指标。地方之间恶性竞争，地方保护屡禁不止，地方政府过多干预一些招商引资的微观经济活动，甚至造成目前严重的环境污染。这和过去盲目发展经济、追求GDP、追求大规模的投资有关系。这根本上扭曲了政府和市场的关系，破坏了市场的统一和竞争的活力。

十八届三中全会以来，这个问题有所好转，包括一些西部省份，对一些老少边穷地区、少数民族地区提出不再考核GDP的指标。这是一个很好的迹象。所以，能不能建议从"十三五"开始，根据市场化和改革的总体方向，在这些问题上做一些大的调整。比如政府只是制定一些中期发展的指标，逐步取消省一级的地方GDP增长指标的统计。全国每年的年度增长指标，可以改由统一机构来预测发布。这种调整，有的同志想不太通，觉得如果连GDP指标都不搞了，政府还干什么？另外，综合平衡怎么解决？这个问题回头想想，现在全国的增长指标和"三驾马车"的增长严重不匹配，这个问题怎么解释？全年的经济增长7.5%，是要靠17.5%的投资、14.5%的消费和7.5%的外贸来完成和保证的。现在，投资只有16%，也可能16%都不到，消费只有12%，外贸前三季度只有3%以上。另外，全国的GDP和各省的GDP统计合计每年都有3万亿到4万亿的缺口。这个不匹配怎么来解释呢？如果真正能够解放思想，就会按照市场化的方向研究，在"十三五"期间把这些问题很好地解决。

正确处理改革、发展和稳定的关系

正确处理改革、发展和稳定的关系，这是一个老话题，每当改革、发展进入到深刻变动的关键时期，一般都会出现这个问题。实际上，改革的本质就是为了解放生产力、发展生产力，但是，改革的深化又必须突破现有的制度、政策以及法律，必须打破这方面的既得利益。因此，情况往往是：不通过改革来调整生产关系，生产力就难以发展，在危机和挑战来临的时候，才会下决心推进改革。

十八届三中全会以来，中央强调要坚持问题导向，利用倒逼机制推动改革，实际就是从当前发展进入新常态，是从实际出发做出的选择。步入新常态，原因是什么？外需萎靡、内需不振、结构调整，但这些是表面现象。关键还是我国进入了结构调整的阵痛期，支撑经济快速增长的投资驱动、资源驱动的经济增长模式、内生动力和内生因素慢慢消退了、消亡了，而新的市场驱动、创新驱动这种增长模式、内生动力还没有很好地发育和成长起来。因此，保持中国经济健康平稳发展的关键，不是争论搞点微刺激还是强刺激，哪儿发展一个新的产业，搞一点经济新的增长点，关键还是寄希望于改革、寄希望于市场。进一步深化改革是适应新常态、培育新动力的一条根本途径。选择什么样的策略和路径才能激发中国的经济活力，需要回到政府和市场的关系上。

正确处理政府和市场的关系

十八届三中全会明确提出发挥市场在资源配置方面的决定性作用，这是一个历史性的突破。长期以来，中国实行的是政府主导的市场机制。本届政府组成以后，实际上抓住了行政管理体制改革作为当头炮、先手棋，政府先自我革命，精神可嘉，确实取得了实效。去年新一届政府成立以后，全国的行政许可当时还有一千七百多项，到目前已经减少了六百多项，李克强总理还要求再减二百多项，这样的话，行政许可可能压缩到一千项以下。但是，在行政审批制度改革的过程中，也存在大量的问题，比较严重的还是部门化倾向、碎片化的倾向，部门改革靠自己，要求壮士断腕，何其难。最后，有关主管部门按照数量压任务，把这个工作压下去。今年8月全国人大常委会专门听了一次工作的汇报，还开了联组会进行询问和审议。会上，我也做了一个发言，我们应该由过去的清理放权的工作方式，改为规范确权的方式，就是首先要确定政府该做什么，对现在所有的行政许可的决定做全面的合法性审查，按照行政许可法、市场的要求，看看哪些是真正应该保留给政府来做的。除此之外，对政府来说，法无授权不可为；对企业来说，法无禁止皆可为。

同时，在新的一年，改革的重点和着力点是否可以逐步从政府自身的改革转移到市场体制、市场秩序、市场竞争机制的建立和完善上来，即以建立统一开放、竞争有序的市场体系来做改革重点。比如，搞市场建设的改革、垄断体制的改革、混合所有制的改革、资源性产品价格的改革、金融市场的改革等。有几项重要的工作，一是尽快推出统一的市场准入制度，按照上海自贸区制定负面清单的做法，普遍性地尽快在全国推开。企业可以依法平等地进入负面清单之外的领域，法无禁止皆可为。

二是进一步破除各种形式的资源垄断，开放竞争性环节的业务，资源垄断的特许经营应该面向各种所有制主体开放。对那些长期以来民营经济难以进入的领域，一定要有大的改革动作，如原油进口。通过放松进口的石油管制，真正落实十八届三中全会提出的保证各种所有制经济依法平等使用生产要素、公开、公平、公正参与市场竞争，同等受到法律保护。这件事情如果做好了，可以给民营企业更大的活动空间，也实实在在地增加了一些经济活力。还可以全面清理和废除妨碍全国统一市场和公平竞争的各种做法，包括地方保护主义，一些地方的优惠财税政策。此外，也要抓紧推进电力、石油、天然气、医药领域的改革。凡是涉及竞争环节的，竞争领域的价格，政府管得越少越好，能放开的尽量放开。药价可以放开，油价、电价通过体制改革的步伐放开，对于市场竞争力、市场活力的提升会发挥非常大的作用。

要抓紧修订反不正当竞争法，对反垄断法开展一些执法检查。全面取消预算资金对竞争性领域的补贴，对过度干预微观活动的一些产业政策也要做一些清理，代之以开放准入、鼓励竞争、鼓励企业家精神、鼓励生产要素平等自由流动、鼓励创新和保护知识产权方面的竞争性政策，真正能够用竞争性政策、普惠制的政策代替过去那种"挑选赢家"的政策。只有加强和完善现代市场体系的一系列改革，中国的经济才能成功地跨越结构调整的阵痛期，焕发新的活力。

正确处理改革和法治的关系

习近平同志说过，在整个改革过程中，都要高度重视运用法治思维和法治方式，发挥法治的引领和推动作用。总书记的要求也是对改革和法治关系的一个深刻总结，从表面文字看，改革和法治实际是有矛盾的，法治的特征是稳定性，改革的特征是变动、是突破。但是，从中国的实践情况来看，过去更多的是靠试点、探索、突破、规范、最后立法这样一种方式。法治、立法主要是起到巩固、保障改革成果的作用，是立法跟进模式。现在提出来全面推进依法治国的治国方略，表面看是对改革的一个制约，实际上是开辟了改革新的一些形式、新的天地，就是说，将来可能立法先行，成为改革很重要的一个推动方式。

实际上，在西方国家也有改革，他们的改革通过的是议会辩论，广泛反映民意，如果不代表民意，立法者根本没有话语权，最后通过了法律法案，改革算是成功了。按照现在四中全会的精神，这种方式可能会成为我们今后改革进一步深化的很重要的形式。所以，四中全会关于全面推进依法治国的决定，明确了法治是治国理政的基本方式，也是改革深化的基本方式。

下一步正确处理改革和法治的关系可以考虑几个方面：

一是要坚持改革决策和立法决策相统一。看准的改革，可以先立法再推出。因此，可能很重要的是要加大立法机构的力量，加快立法的进程，充分发挥立法的引导、推动、规范、保护的作用。

二是根据社会主义市场经济内在要求，对相关法律实施全面的立、改、废、设的审查改革。首当其冲的就是现存的法律法规、政策等各种规定。下一步对法律进行修订修改的任务非常重，需要修改的抓紧修，需要废止的坚决废止。这才是真正依法治国处理好法治和改革的重要部分。

三是重大改革要于法有据。暂时可以通过立法机关授权试点的方式，为改革提供法律依据。如果某一个层级对改革批准试点，就允许你有更大的权力了。

比如国务院批准了，可能在授权范围内对国务院制定的七百多种有效的法规就可以探索。如果地方批准的，在地方的权限下，地方有八千多种地方法规，就可以突破和探索。对于全国的现行法律进行突破的，必须要经过全国人大立法机关进行授权。所以，立法和改革的工作表面看是矛盾的，实际上是一个统一体，在今后的改革形势发展的过程中，可能要更多地通过法律形式来推进改革。

现在进入了拼爹时代

皮凯蒂

法国经济学家、《21世纪资本论》作者

先来说现在的收入不平等情况。在美国，最富的10%的人在20世纪前半叶的情况比较好，数据显示不平等在下降，他们的收入在1920年占了国家财富的50%，到1950年下降到了30%～35%。这一比例在20世纪50、60、70年代是比较稳定的，显示这个时期美国各个阶层的人都能够分享美国经济发展的成果。但是从80年代开始，不平等上升了，美国最富的10%的人逐渐占据了半壁江山，2012年和2013年的数据甚至占了50%～51%。同时，欧洲和日本的不平等也在上升，但没有美国这么剧烈。

美国收入不平等的原因之一是人们所受的教育程度不等，导致人们的劳动技能不一样。美国有非常有名的大学，但穷人是没有机会上这样的大学的。所以，最富的10%的人占了半壁江山，但最富的1%甚至0.1%的人其实更加厉害。这些人比如企业高管，年薪都数以百万美元计，对拉大贫富差距起了很大作用。

在我看来，这些高薪酬的高管这么富有不仅仅是教育的原因，他们的教育程度不一定比其他人更高。那么，是什么原因呢？一个重要的原因是他们成功地操控了企业的薪酬委员会，给高管设立更高的收入水平。而且，美国这些年来最高收入阶层纳税的税率是下降的，这使得他们能够自肥。我认为没有足够的证据证明，给高管提供如比丰厚的报酬，他们就一定能够提高企业的绩效和创造更多的就业岗位，起码我没有找到这方面的证据。

　　导致不平等的原因是多种多样的，有教育的不平等，也有企业治理方面的问题，不同的人获得资本的机会有大有小，国家经济发展有快有慢，都会对不平等产生影响，甚至腐败也是加剧不平等的一个重要因素。当然，导致不平等的因素在各个国家是不一样的。在中国，腐败对于收入不平等所起的作用更大一些。

　　上面讲的是收入的不平等。现在来讲财富的不平等，尤其是财富与收入的比例或者说资本收入比。资本收入比这些年来呈现出先低后高的U字形的变化。我这里说的财富是私人的财富，就是掌握在私人手上的财产，包括房地产金融和股份，然后除以国民收入，就是我所说的资本收入比。在第一次世界大战之前，资本收入比高达6，非常高，第一次世界大战之后快速降低。因为第一次世界大战期间很多人的私人资本被毁坏了，也没有什么投资，都用来购买武器了，通货膨胀也很高，这导致私人财富在20世纪50年代的总量是非常小的。还有一个因素是第一次世界大战之后，私人资本所占的比重小，因为不少国家搞国有化，而且对房地产的租金进行控制。但是50、60年代之后，资本积累的速度加快了，也就是说，资本收入比又开始攀升了。我本人不反对这个积累，但这种不平等或者资本收入比太高导致人民财富占有的过度不平衡是应该避免的。在西欧，战争对私人资本比有着重要的影响。我想，要研究有长时间跨度的历史数据，才能够得出比较正确的结论。

　　综合我的研究，我有三个观点，一是我们现在越来越进入一个拼多的社会，或者说财富越来越有分量的社会，尤其是日本和欧洲的趋势越来越明显。欧洲和日本的资本收入比达到了很高的水平，一个主要原因是它们的人口基本上没有增长，经济的增速非常慢，劳动生产率的提高非常慢。在这种社会中，吃老本的现象越来越突出，就是之前祖上积累的财富对下一代产生非常大的影响，发挥很大的作用。中国也会重复这样一个模式。

二是未来社会财富的不平等会怎么变化？我不反对财富对收入的比例上升。但是，财富过度集中不是一件好事，尤其是资本的回报的增长比整个经济的增长还快不是一件好事，但偏偏事实就是这样。这些年来，资本回报增长更快，是因为各个国家都在吸引资本前来投资，资本的税在下降，导致税后的资本回报率是上升的，新技术、新科技的出现也可能使资本的回报进一步攀升，使得财富不平等的现象进一步加剧。

金融的自由化确实导致收入财富的不平等进一步加剧，因为金融行业人员的收入本身就很高，他们不见得对实体经济做了多大的贡献。资本的回报很高，快于经济的增长。富人可以通过非常复杂的金融工具让自己变得更加富有。

对中国资本管控现在并不是最优的模式，需要一定的改革。对资本的流进流出，对全球化的过程还要有一定程度的监管，比如资本流入流出的信息还是需要捕获的。如果贸易完全自由，完全不受任何管控的话，会导致全球化不是一件好事。高管可以有比较高的收入，但不要高到离谱的程度，难道非要到1000万美元吗？还是要和业绩挂钩的。我研究过年薪1000万美元的高管，他们企业的业绩不见得比年薪100万美元的高管好。

收入不平等在一定程度上有利于促进经济的增长，但极端的不平等就很可怕了，我强调要有一个度。看看欧洲、美国、日本，中国现在也是如此，那些最富有的人财富的增长速度快于国家经济和穷人财富的增长速度。这是不可以持续的，否则就会重演19世纪的悲剧。两次世界大战之所以爆发，是因为欧洲国家财富太集中了，90%的财富掌握在10%的人手里，然后社会动荡，爆发了战争。从那之后，西方的富人才吸取了教训，才接受了社会改革。到20世纪50、60年代，虽然不平等的程度下降了，但没有妨碍经济发展，社会的流动性加强，穷人享受到更好的资源，人们才会更乐于去创业。总之，我认为极端的不平等会危害经济的增长。

马云是很聪明，但他90岁之后还这么聪明吗？他儿子也很聪明吗？他儿子不见得也是这样的精英，凭什么他儿子就要拥有这么多财富？西方是通过革命战争，才使得富人不得不接受社会改革，愿意交这么多税的。我想，中国应该避免走这条弯路。

三是中国最富有的10%、1%的人的收入占据了收入的多大比重？光看目前的数据，似乎中国收入不平等的增速没有美国那么快，但不要忘了，中国有关所得税的数据比较缺乏，即使有，我们也拿不到，这就不太有可比性。中国最富的10%、1%的人有多少收入是说不清的，这使得我们低估了中国实际上的收入不平等的程度。希望能够拿到收入所得税的数据。中国政府也应该公布，比如各个收入阶层的人每年交了多少税，这就一目了然了，就能知道百分之几的人有了多少收入，也能看到演变的趋势。由于没有这些数据，我们只能去调查，但最富有的人通常都不会老老实实地说出自己的收入情况。美国就不是这样，如果我拿不到美国的数据，美国的情况也是无法研究的。

在欧洲和日本，公共资本占总资本的比例介于0%~10%之间，甚至可能是一个负数。2010年，意大利就是这样一种状况，公共资本占总资本的比例是一个负数，这意味着意大利政府的债务甚至大于公共资产，意味着意大利政府即使把拥有的国家财富和资产（包括学校的资产）全部卖了，也不足以还清它所有的公共债务。德、法、英这些国家的公共资本占总资本的比例稍微高一点，主要是因为它们的公共债务比较少。

在多数西方国家，私人资本占了大头，公共资本占了较小的比例，但之前不是这样一种状况。比如在1970年的时候，公共资本在西欧占到总资本的三分之一或者四分之一，70年代搞私有化之后，比例才大大下降了。

针对中国私人所拥有的财富分配不均的现象，我们对中国家庭做了调查，发现私人财富的集中度是相当高的，10%最富有的家庭可能控制了总私人财富的60%~70%。中国正在从瑞典变成美国，但这一点仍然不清楚，因为我们的调查基于人们的自愿参与，最富有的人不愿意透露事情的真相。所以，中国有关收入和财富不平等的数据应该提高透明度。所得税税种很重要，提供的数据也很重要。资本利得税、财富税、继承税的数据能够提供大量的信息。现在关于中国亿万富翁的情况，人们只能通过看杂志来了解他们到底有多富。官方的正式数据才是可靠的，所以我建议中国征收资本利得税、财富税、继承税，刚开始税率可以定得比较低，这样就可以逐步掌握大量的财富数据。

反腐败是很重要的，但光靠反腐败，打"老虎"、拍"苍蝇"是不行的，还需要进行财政的和社会的系统改革。

中国的腐败、收入不均和环境问题

林毅夫

北京大学国家发展研究院名誉院长

世界银行前副行长兼首席经济学家

收入问题

为何高速增长带来收入分配不均和腐败问题？

古语讲"不患寡而患不均"。中国过去35年的高速增长，使几乎每个人都得到了好处。我是从研究农村经济开始的，中国各地城乡我跑得比较多。不管是穷乡还是僻壤，现在的生活都比30多年前好多了。

20世纪80年代，我去宁夏调研，有些农民全家只有一条裤子穿，大姑娘看到生人就往家里跑，出来办事才穿上一条好裤子。现在跟过去比，生活都改善了，我没有看到生活比20世纪80年代差的地方。为什么还有那么多不满？因为别人比你发展得更快，比你改善得更多，这说明收入不均，这是很大的问题。

收入不均和腐败问题很严重，会让这个社会的制度失掉合法性。收入不均和社会腐败会让低收入者不满，也会让中等收入者不满。环境污染，大家都不满，更不满的是高收入人群。应该怎么解决这些问题？十八届三中全会提出"全面深化改革"，确实是与时俱进来解决这些问题的方向和措施。

中国的改革开放采取的是一种渐进方式，而不是像苏联、东欧那样采用"休克疗法"，把整个经济系统中的计划经济所形成的扭曲一次性消除掉。中国当时是采取"老人老办法、新人新办法"。对那些传统的没有比较优势和竞争优势的产业，继续给予必要的保证；放开之前受到抑制的具有一定比较优势的劳动密集型产业，让乡镇企业、私营企业和外资企业进入。

苏联和东欧的"休克疗法"导致经济崩溃、停滞，危机不断，中国这种渐进双轨的方式带来了经济稳定和快速增长。但任何问题都有两面性，经济稳定和快速增长导致的就是现在我们所看到的收入分配不均问题和腐败情形。这里我必须讲，苏联和东欧这些国家，收入分配不均和腐败比我们更严重。所以，我们不要因为看到自己有问题，就认为另外的方式更好。

为什么呢？在计划经济时代，我们形成了大批资本很密集、技术很先进的产业，但这些产业和国外相比，不具有比较优势，在开放竞争中很难存活。在中国是这样，在苏联和东欧也是这样。在苏联和东欧，这些企业也是靠保护补贴存活，"休克疗法"是将保护补贴一下子取消掉，好像"毕其功于一役"。问题就是，一下子取消掉之后，大量的破产、大量的失业会造成社会不稳定。同时，政府也不愿意让这些企业都破产，因为这些产业和国防安全有关，于是在"休克疗法"、私有化以后，还要继续给予保护补贴。

到底是在私有化时给保护补贴多，还是在国有化时给保护补贴多？20世纪90年代，北大有过相关争论，世界上也有不同的看法。很多人的看法是，因为它们是国有企业，所以要给予保护补贴；我的看法是，给予保护补贴是因为它们不具有比较优势而又非要存在不可。

我认为，国有化时政府给予的补贴反而会少，因为国有时厂长、经理是国家员工，不给保护补贴他活不了，给保护补贴顶多可以多吃，不能多拿，多拿了政府会把他抓起来判刑，严重的话还可以判死刑。如果是私有化，同样的，你不给我保护补贴，我活不了，拿了保护补贴，装到自己口袋里不是天经地义的吗？所以，肯定是私有化时保护补贴更多。

这是20世纪90年代初的理论判断，大量的实证经验证明：要给保护补贴，就会有很多机会产生"寻租"，"寻租"就会产生腐败现象。苏联和东欧的腐败现象不是比我们更严重吗？给补贴的话就等于转移支付，那些垄断集团就是最有钱的人之一，这样收入差距就越来越大了。

腐败问题

打破"寻租空间"，取消"保护补贴"。

国内也是一样，在双轨制的时候，为了让不具有比较优势的国有企业能够生存，不得不给它保护补贴。在金融上进行抑制，就是以大银行、股票市场作为金融体系的核心，大银行基本上都是给这些大企业提供融资服务的，资金价格低于我们这个发展阶段应该有的资金价格，很多上市公司老板把募集来的钱当成赚来的钱。

这些大企业都会得到补贴，那是谁补贴它们？就是那些把钱放到金融体系中而得不到金融服务的小农户、小企业，有的在服务业，有的在制造业。相对穷的人补贴相对富的人，收入差距就会越来越大。为了拿到这个补贴，当然有人就会去行贿受贿，于是收入差距越来越大，腐败现象越来越严重。

资源产品也是一样。按照我国的宪法规定，矿产资源属于全国人民所有，但不是全国人民一起开采。1983年以前没有问题，开采的企业都是国有企业，开采权基本上是免费取得的，产品卖的价格也很低。1983年以后，矿山企业进行改革，民营企业可以进入，外资企业也可以进入，允许多种所有制竞争。1993年以后，资源价格和国际接轨，但取得开采权的税和费非常低。

比如说，这个矿可能有几十亿、几百亿元，取得这个矿的开采权不过需要几千万元，拿几千万元就能获得几十亿、几百亿元的资产，谁都要想办法得到。这造成收入差距越来越大和寻租腐败的普遍。我们经常在媒体上看到，山西一些地方的地矿局局长几年就可以积累几十亿元资产。这就是寻租来的，就是腐败。

还有一些服务业存在垄断，像电信、交通、银行业的垄断，有垄断就会有垄断利润，有垄断利润就会进行寻租。过去，在转型过程中，因为有一些资本很密集而又无法缺少的行业，如果不进行保护，就无法存在。维持这些保护措施的代价就是在经济快速发展的过程中，腐败越来越严重，收入差距越来越大。

现在，我觉得应该可以把这些保护补贴取消掉。"此一时，彼一时"，当时我们一直到2003年都还是低收入国家，现在已经是中等偏上收入国家，资本已经不是那么短缺。原来不具有比较优势的行业，现在已经具有比较优势。

根本的解决方法就是十八届三中全会所讲的"让市场在资源配置中起决定性作用"。

什么是决定性作用？就是价格由供需来决定，而不是由行政计划来决定。如果金融的价格放开，比如说利率放开，贷款利率和储蓄利率放开，那就没有补贴了，没有补贴就不会有寻租，储蓄者就可以得到足够的回报。如果资源税费提高到国际水平，那么资源就变成一个正常性的行业，不再是一个暴利行业。然后，将因为减少补贴而获益的政府财政支出用于社会福利等各方面的改善，这样就会根本解决收入分配不均和腐败现象。

中央协调解决"囚徒困境"。

另外一个问题就是污染问题,这个问题大家都很关注。在这一点上,我们也必须实事求是,因为经济发展是一个技术产业结构不断调整的过程。一个国家的经济开始时一定是以农业为主,生产非常分散,能源的使用和排放非常少。经济发展以后,进入制造业,能源使用密度高,排放密度高,而且又比较集中,所以污染会比较严重。经济再继续发展,进入服务业,服务业的能源使用密度低、排放少,再加上经济进入高收入阶段,资金充裕,所以环境治理能力强。

一般来讲,环境是被破坏以后才开始治理和改善的。老工业化国家如英国、德国、美国、法国是这样,新工业化的经济体如日本、韩国也是这样,我们没有办法违背人类发展的自然规律。环境问题,即使我们不喜欢,也要面对。我觉得我们可以做得更好。

主要有两个原因:第一,现在的技术应该比30年前、50年前的技术好,排放密度可以降低;第二,我们的环保在执行上有很大问题。国家和地方都有环保标准,也有环保部门,各个地方在投资的时候必须按照环保标准提供减排设备和排污设备,否则不能建设,不能开工。但是,问题在于:有了设备,用不用?从企业的角度来讲,用了以后成本会增加,能不用则不用。问题是有的地方不愿意监管,真的监管了,企业的经营成本就提高了,谁监管得严,谁就会吃亏。这里就会出现我们经济学中所讲的"囚徒困境"。

如果你到工厂去看,这些排污设备什么时候用?只有来检查的时候才用。我当政协委员时去考察,那些火电厂、炼钢厂知道我们政协委员来检查,车队远远还没到的时候,工厂冒着黑烟、白烟,等我们到的时候,黑烟、白烟就没有了。我们到现场去检查,他说这是德国进口设备。等我们的车队走出几公里远以后,烟又冒起来了。这绝对不是假话,是我亲眼所见。

所以，我们心里必须有准备，对待这些污染的问题，我们不能理想主义，不能说手上拿着蛋糕，既想把它吃掉，又想手上还要有蛋糕。但是，我们可以做得比现在更好。怎么样做得更好？用中央政府的权威把各个地方政府都找来，过去的事不管，从今天开始，哪个地方不执行，哪个地方政府领导下台。如果各地都执行，那么"囚徒困境"不就打破了吗？大家都执行，就不存在谁执行谁吃亏的情况。我觉得我们可以利用社会主义的优越性，这个问题就可以得到缓解。

中国经济的"托、拖、脱、妥"

管清友
民生证券研究院副院长、首席宏观研究员

改革和增长并非矛盾，如果能在托底经济的同时加快供给改革，释放活力，中国经济不但可以避免"脱"轨的风险，还可以走向最稳"妥"的结局。

"托"：托底经济

2013年以来，面对结构性减速的经济背景，新一届政府的宏观管理思路也发生了重大变化。一方面，为了消化前期政策带来的债务风险和产能过剩，中国需要放弃"唯GDP"的老路，杜绝大规模刺激；但另一方面，中国也不能走完全放弃GDP的歪路，如果经济增长滑出保就业的底线，可能会造成不可控的社会和政治风险。左右权衡，只"托"不"举"的宏观管理思路逐步成形：

以大投资、宽货币为主的粗放式宏观调控逐步退出历史舞台，取而代之的是以定向投资、稳健货币为主的结构化调控。

厘清了政府的新思路，我们既可以理解为什么在过去两年经济增速不断式微的背景下，政府能够保持定力不刺激，也可以预见在2014年下半年经济下行压力不断加大的情况下，政府绝对不会放任经济滑出安全的"底线"。近期的一系列信号也印证了我们的判断。新华社2014年6月5日连发三篇社论为"微刺激"正名的意图，李克强总理6月6日在中南海召开经济工作座谈会，要求"上半场表现不俗，下半场勇夺佳绩"，6月16日再度撰文重申"确保"完成全年经济社会发展主要目标任务，都表明微刺激仍将是下半年宏观调控的主线，其核心思路是"宽货币+宽财政+宽信用"。

宽财政。为扭转"八项规定"的被动紧缩，预计财政支出力度将进一步加大，助力稳增长。结构性减税、基建投资仍是主要发力点。尤其是铁路投资，今年（2014年）上调铁路投资计划至8000亿元，比去年增长20.1%，但前五个月同比下降2.8%。在经济下行压力下，预计下半年铁路投资会加大力度，同比增速将达30%以上，可以对冲房地产开发投资回落两个百分点。

宽货币。央行将继续加大货币定向宽松力度，并且可能以"定向宽松"之名，行"全面宽松"之实。货币端的宽松包括加大公开市场投放力度（正回购减量、降价或重启逆回购），继续加大定向降准力度和定向再贷款，支持"三农"、小微企业、棚户区改造等重点领域和薄弱环节，不排除降息或降准的可能。

宽信用。继银监会调整存贷比之后，央行有可能逐步放松信贷额度。央行的额度管控制约了"宽货币"对实体的支持效果，显然已成为当前经济的不可承受之重，未来可能会逐步松绑，央行还可能通过窗口指导加大对实体经济的支持。

"拖"：拖住风险

过去十年，中国的经济繁荣严重依赖债务扩张、总杠杆率及债务/GDP比率的不断攀升。这种模式不但没有因为2008年的金融危机而终结，反而因为2009年的"四万亿"而进一步强化。债务扩张的机理如下：金融危机导致出口萎缩、经济失速，中国经济选择了通过地方政府和国企的债务扩张对抗经济下行，由于约束机制不健全，形成了过多无效的投资项目。这些僵尸项目转化不成现金流，加剧了借新还旧的压力，再叠加保增长压力，导致地方和国企融资需求大幅提高。利率不敏感和刚性兑付导致银行绕开监管通过"非标"为地方和国企输血，债务进一步扩张。

经济转型和改革的核心是什么？新经济扩张，而旧经济萎缩，用新经济的总需求扩张来消化旧经济的存量债务。地方政府和国企"拆东墙补西墙"的高融资需求和刚性兑付神话，导致银行持续为上述无效部门输血。从这一点看，我们需要打破无效部门刚性兑付的神话，通过地方和国企的违约来引导整个信用体系的价格重估，迅速处置不良资产，引导金融机构助力新经济。

中国经济在20世纪90年代末曾经历过这种存量改革。中央通过大刀阔斧的改革拿掉了无效率的国企，快速处置了银行的不良资产，为日后新的经济繁荣周期打下了坚实基础。但当下的中国经济和十多年前相比，更加错综复杂，过剩产能的规模远胜以往，债务滚动的压力明显加大，存量改革可能导致不可控的社会和政治风险。

因此，新一届政府改革的思路是"保存量、加增量"。"保存量"反映的是经济底线思维，当经济滑落至可容忍的下限时，政策会主动有为，政策焦点是保增长、保就业。"加增量"反映的是存量经济稳定后，政策会转变为"促改革"。在这种情况下，政府虽然没有冒险通过整个信用体系的价格重估进行存量改革，却通过结构化的宏观管理有限"拖"住了风险恶化的步伐。一方面，结构性紧缩的货币政策严防旧存量进一步扩张式蔓延，打消其货币放水的预期；另一方面，通过雷厉风行的反腐，主动降低其风险偏好是未来可选择的合意路径。过去一年多来，政府的确通过结构化的政策有效拖住了风险爆发的步伐。

从货币政策来看，央行"放短收长"的扭曲操作控制"非标"，防范"非标"进一步流入地方融资平台、产能过剩行业和房地产等资金黑洞。其次，央行主动引导汇率贬值，防止套利资金单边流入，牢牢掌握货币政策调控的主动权，为日后的定向宽松创造了条件。连续高利率正回购，将被挤出的无效投资回笼央行，相当于提高传统部门的准备金率，再通过定向宽松将资金配给到有利于经济结构转型的领域。

从制度层面来看，反腐力度加大，地方官员"官不聊生"，地方主导的无效投资收缩。严控"非标"和反腐导致地方政府债务增速放缓：今年6月24日审计署公布了《国务院关于2013年度中央预算执行和其他财政收支的审计工作报告》，2013年6月至2014年3月，地方债务余额的年化增速为5.05%，显著低于2013年6月末前的27%。

不过，如果地方主导投资的旧增长模式不变，政府仍发挥资源配置的主导作用，就会导致地方政府和国有企业部门债务不断上升，经济结构会进一步失衡，拖住风险的同时可能也会拖延改革。

结局："脱"轨还是稳"妥"？

通过托底经济拖住风险无可厚非，但如果因为托底经济而拖累了改革，中国经济可能会有脱离新常态正轨的风险。我们可以试想一下这种风险演化的路径：如果因为托底经济而延续地方主导的大干快上模式，与此同时，国有企业低效却可以获得廉价信贷配给的预算软约束问题没有根本改变，绝大多数地方和国企投资项目依旧缺乏稳定现金流和效益，就会导致地方和企业部门债务不断上升。随之而来的是债务转化为增长的能力越来越弱。一方面是存量债务对流动性的吞噬导致债务扩张能够形成的投资规模在递减，另一方面是随着资本大规模扩张导致的投资边际产出在不断递减。长此以往，政策就会"脱"离习总书记所说的新常态框架，而中国经济将面临"脱"轨的风险。

中国经济如何避免脱轨的风险，走向最稳"妥"的结局？长期来看，"加增量"终究只能暂时拖住风险，真正化解风险仍然要依靠存量改革。实际上，加快改革与托底经济并没有天然的矛盾。相反，面对当前的增长困境，只有通过存量改革才能真正改善私营部门盈利能力，从根本上增强经济的内生动力。未来存量改革的核心是打破供给端的要素瓶颈，释放经济主体的微观活力。

从全要素生产率的角度看，要改革基本经济制度，提高全要素生产率。改革国资国企管理体制，理顺国企与出资人以及国企内部的关系，提高国企运行效率；改革财税体制，理顺中央和地方政府关系，降低企业税收负担；改革行政管理体制，简政放权、强化市场；改革涉外经济体制，从贸易开放到投资开放，从制造业开放到服务业开放，探索负面清单管理。

从劳动力的角度看，要改革人口和户籍制度，改善劳动力供给。比如放开"单独两孩"，逐级放宽户籍限制等。

从资本的角度看，要改革金融体系，改善资本供给。加快利率和汇率市场化改革，理顺资本价格；建设多层次资本市场，发挥资本市场的杠杆作用；积极推进资本账户开放和人民币国际化。

从自然资源的角度看，要改革土地制度和城乡管理体制，改善土地供给，重点是建立城乡统一的建设用地市场，推进要素平等交换和公共资源均衡配置。

2013年的十八届三中全会已经打响了存量改革的发令枪，但真正决定中国经济命运的改革才刚刚开始。中共中央政治局6月30日召开会议，审议通过了《深化财税体制改革总体方案》《关于进一步推进户籍制度改革的意见》。这是十八届三中全会以来中央政治局举行的第七次会议。回顾历次会议的议题，除了例行性的会议（比如2014年2月24日讨论《政府工作报告》）之外，基本以政治领域作风建设（如2014年1月24日听取"八项规定"汇报）和社会领域维稳（如2014年5月26日研究新疆工作）为主，并未涉及经济领域改革。此次政治局会议首次审议经济领域改革方案，可能成为改革加速落地的重要标志。

东亚奇迹对实现中国复兴的启示

华　生

燕京华侨大学校长

要实现中华民族伟大复兴的梦想，与我们人均资源状况、文化背景相近的东亚成功现代化的经验，可以为我们提供重要启示。

世界银行《东亚复兴》的报告指出，"从1950年以来，超过100万居民的国家和地区中，只有中国香港、韩国、沙特阿拉伯、新加坡和中国台湾，从低收入国家或地区提升到高收入行列"，即除了沙特阿拉伯这个特殊的产油国之外，第二次世界大战后从低收入直接跨进高收入的国家或地区只有韩国、中国台湾、新加坡、中国香港这亚洲四小龙。世界银行增长与发展委员会2008年发布的报告中指出，在战后25年或更长的时期内实现了平均7%或更高增长速度的所有低收入和中等收入国家或地区有13个，除了马耳他这个不足50万人口的地中海岛国也刚跨进高收入门槛外，只有东亚的日本、韩国、中国台湾、新加坡、中国香港成长为真正的高收入经济体。从这个被称为战后奇迹的东亚模式中，我们可以发现如下一些共同特点：

第一，都是实行对外开放、积极融入国际经济体系的市场经济体制，其中新加坡高度依赖与外部资源的交换，中国香港被认为是世界上最开放的自由市场经济体。有了对外开放和市场经济，就具备了追赶经济的必要条件。

第二，除了新加坡、中国香港为城市经济体，无农村土地和农民问题外，日本、韩国和中国台湾地区在战后均根据各自的特殊条件进行了较为彻底的土地改革，使土地的分配较为平均，为之后的工业化起飞奠定了很好的基础。这与拉美以及亚洲其他很多国家土地被集中在极少数人手中，没有或没有彻底的土地改革相当不同。

第三，虽然这五个经济体均非典型的欧美民主体制模式（日本战后从中等收入进入高收入的时期，是在民主外壳下的自民党55年一党执政体制；韩国在转型期是军政府统治；中国台湾是蒋家父子威权统治；新加坡当时也被认为是典型的民主外壳下的威权统治；中国香港在1997年之前是英国殖民统治），但均有一个有效率的政府。政府均以发展主义为导向积极推动经济增长，保持了很高的储蓄率和投资率，并提供了追赶经济不可或缺的公共产品，即国家安全、社会秩序和公共财政金融政策的稳定性，没有出现经济的大起大落和巨幅震荡。这与同为中等收入的中东地区国家战乱不断、社会不稳，以及拉美地区国家财政金融政策大幅摇摆、恶性通货膨胀不断等形成鲜明对照。韩国、中国台湾还在城市化基本完成，市民阶层成为社会主体，进入高收入行列前后，较为平稳地实现了民主化转型，为后续持续增长提供了避免社会对抗的政治结构。

第四，日本、韩国、中国台湾在战后均用了30年左右的时间基本完成从以农业人口为主的农业社会到城市社会的转型（见表1），并以可融入的市民化奇迹般地避免了历史上早期工业化国家以及现代拉美地区和南亚地区国家的普遍贫民窟现象。新加坡和中国香港这两个大都市经济体则通过政府超大规模地提供基本国民住宅的办法，也避免了城市贫民窟。①这样,东亚经济体由于农村人口比例很小,城乡收入差距不大,城市中又没有贫民窟,因而实现了国民基本权利的均等化。这样的城市化、市民化就为经济和人力资本的不断升级奠定了坚实的基础。

表1:中国大陆、中国台湾以及日、韩城市化过程中的人口转移情况

国家/时期	起点城市化率	终点城市化率	城市化率提高	年均提高率	持续时间(年)
日本(1950—1975)	37.4%	78.6%	41.2%	1.648%	26
韩国(1960—1990)	27.7%	82.4%	54.7%	1.823%	31
中国台湾(1960—1990)	40%	75.9%	35.9%	1.20%	31

数据来源:日本数据来源于日本内阁府统计局,《国势调查报告》,昭和30年(1955)、昭和40年(1965)、昭和55年(1980)《府县分类人口与人口密度》;韩国数据来源于韩国经济计划院统计局;中国台湾地区1960年数据来源于台湾逢甲大学都市计划系,刘曜华,2004年《台湾都市发展史》,1973年以后数据来源于"行政院"经建会住宅及都市发展处编印《都市及区域发展统计汇编》。

注:相比之下,中国大陆从1991年27.35%的城市化率起步,至2012年的22年间,名义城市化率仅达到52.7%,实际户籍人口城市化率仅35%左右,明显还属于城市化的前中期。

第五,日本、韩国、中国台湾这三个典型的城乡经济体,在从低收入向中等收入和高收入转型的过程中,通过制度安排和政策调节,

---

① 新加坡统计局的数据显示,2009年,新加坡居住在政府租屋(HDB)里的人口比重为82%。中国香港房屋委员会房屋统计数字显示,2011年,中国香港有46.2%的人口居住在公营永久性房屋里。资料来源:新加坡统计局《HDB Annual Report 2008/2009》,中国香港房屋委员会《房屋统计数字2012》。

始终将贫富差距控制在一个相对较低的水平上，从而名副其实地实现
了包容性增长。新加坡、中国香港这两个完全没有自然资源的孤立城
市，为了吸引外来资本和资源以立足，长期实行低税政策，再分配调
节力度明显弱于非孤立城市的正常国家和地区，因而基尼系数较高，
但仍与拉美国家的高度两极分化不能相提并论。（见图1）

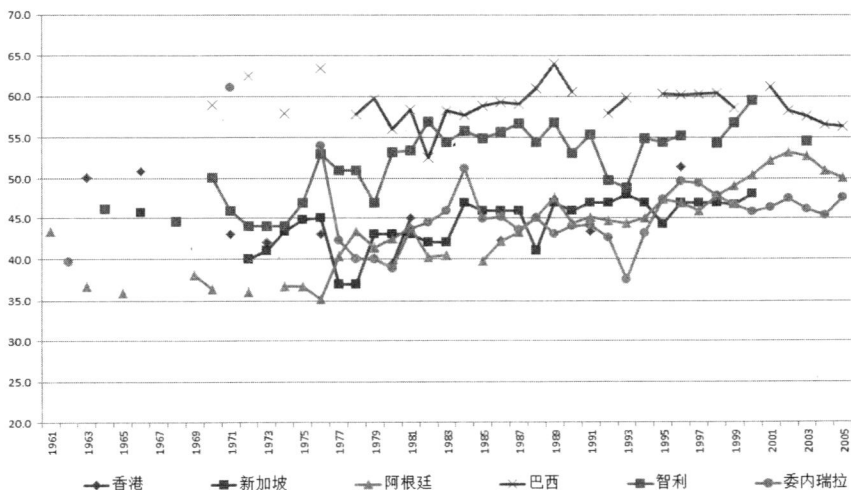

图1：中国香港、新加坡及拉美四国基尼系数情况对比

数据来源：World Income Inequality Database V 2.0c May 2008，http://www.
wider.unu.edu/research/Database/en_GB/database/

　　综合以上五条，我们可以看到，以上五个东亚经济体所做到的，
恰恰是世界银行增长与发展委员会报告的标题，即可持续增长与包容
性发展。因为只有可持续增长才能实现追赶，不断缩小与最发达国家
的差距，而包容性发展则是持续增长的必要条件。如内生增长理论所
揭示，当增长越来越依赖全要素生产率的提高，依赖人力资本与无形
资本的时候，人的普遍素质就越来越扮演中心的角色。这就需要给予
社会上的绝大多数人——尤其是他们的后代——平等的竞争机会，能
够用自己的勤劳、智慧和创造致富。这在从农业社会向工业化、信息
化的城市社会转型的发展中二元经济结构国家，就意味着要能在大大

减少农业人口的基础上发展规模经济的现代农业，同时又要能保证农村转移人口普遍就业、住有所居和融入城市，平等地享受市民权利。但是，这在发展中国家恰恰是最难做到的。

那么，为什么五个东亚经济体，特别是同为从农业社会转化而来的日本、韩国和中国台湾做到了？它们抓住了什么不为人关注而又对成功转型至为关键的链条呢？

东亚经验的第一条，即对外开放和实行市场经济体制，这恰恰是我们改革开放以来所做的事，也是中国这30多年来发生巨大变化的原因。不过，正如世界银行在报告中总结的，坚守这些新古典理论的建议对于增长是必要的，但并不足以赶上发达国家。因为第二次世界大战以后，搞市场经济和融入国际经济体系的发展中国家很多，但成功现代化的是凤毛麟角。

东亚经验的第二条，也是中国做得最成功之处。中国20世纪50年代初的土地改革虽然过于激进，但属于最彻底的均分土地的改革则无疑。在经过后来集体化的曲折和弯路之后，80年代初的家庭土地承包是一场最公平的均分土地运动，对于后来农产品供给的丰裕、农民逐步从土地上解放也起了奠基作用。

东亚经验的第三条，即有效和有为的政府，一方面以发展主义为导向积极推动经济增长，保持较高的投资率，另一方面提供追赶经济不可缺少的公共产品，如国家安全、社会秩序和公共财政金融政策的稳定性，避免经济的大起大落和巨幅震荡，应当说也正是中国的强项和过去的成功之处。今后需要的是，随着城市化的发展和人们公民意识的增长，国家如何与时俱进地推进法治化和民主化。

东亚经验的第四条，应当说恰恰是我们的短处。由于从计划经济时代沿袭下来的户籍制度一直没有废除和进行根本改革，中国的城市化长期以来走了一条农民进城离乡不离土的道路，就是农民进城务工之后，仍然不改变农民身份和保有家乡的土地，城市户籍也不对其开放。这样往往使农民年轻时进城务工，年龄大了又返乡种田。这种低成本的工业化、城市化道路在过去的相当长时期内推动了中国的经济增长，也帮助中国以成本优势成为世界工厂。这也是至今很多人仍然对这个模式恋恋不舍的原因。但是，随着新生代农民工越来越不准备返乡，农民工的两栖生存方式既造成了劳动力流动的巨大浪费，更造成了农民工及其后代的素质无法提高，同时也影响了农村规模经济的发展和农业现代化，这条道路事实上已经走不下去。外出务工人员的流民化还造成了日益严重的社会问题。因此，加快推进户籍制度改革，实现可融入的城市化、市民化，已经成为中国今后最紧迫的挑战。

东亚经验的第五条，更是我们的软肋。中国的贫富差距在短短的20多年间，已经从世界上最平等的分布状况变成世界上主要大国中收入分配最不平等的国家。不考虑巨大隐性收入的存在，中国的基尼系数也已接近0.5的危险水平。中国以人均国民收入在世界上排名在近百位的水平，已经开始消费世界上近一半的奢侈品。全球经验表明，贫富差距悬殊的发展中国家几乎都不能平稳实现现代化的转变，必然伴随着内部的剧烈冲突、社会动荡和经济折腾，这显然应当引起我们的警醒。

因此，进一步深入研究东亚国家和地区的经验，特别是借鉴它们成功经验的后两条，对于中国实现经济赶超和民族复兴，显然就具有更加特殊的意义。

创新、创业与人才、人口

梁建章
"携程旅行网" CEO 兼董事会主席

　　未来中国到底能否成为一个成功转型的创造型经济体，人们都有很多期待，也有人说中国还有很多不足。做经济研究还是要拿数据来说话，怎样测量创新和创业，是一个非常复杂的问题，不仅仅是看一些最简单的数据，比如创业投资、专利、研发人数，还有非常多的因素需要考虑。现在我引用一个比较权威的指数，把所有创新、创业的输出和输入都数据化，把所有国家的指数画了一张图（见图2）。

　　这张图的横轴是人均GDP，纵轴是创新创业指数，圆圈的大小是这个国家的大小，当然不是指国土面积的大小，国土面积的大小不是太重要，指的是人口多少。大家可以看到，最大的两个圈一个是印度，一个是中国，稍微小一点的圈，顶上的是美国。大家看完这张图会有一个印象，中国在中间的地方，也就是说中国现在是中等收入，它的创新创业指数当然比那些发达国家低一点，但是在同等发展水平下，在同样的人均GDP的水准下，中国的创新创业指数是最高的，而且比其他国家要高出一半。而具有同样发展水平的是哪些国家呢？大家可以看一下小圆圈，比如下面的巴西、马来西亚，它们的人均收入跟中国差不多，但是创新创业指数远远落后。

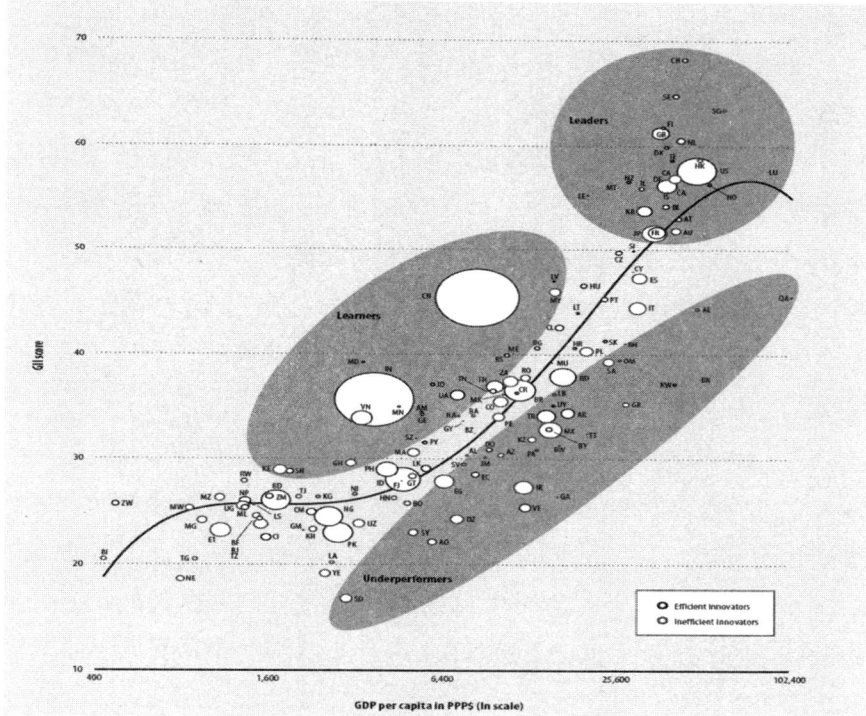

图2

数据来源：The Global Innovation Index 2012

这张图为什么这么重要呢？我们研究发现，实际上一个国家的后劲基本上就取决于这张图。如果创新创业指数是领先于人均GDP的，那么未来几年的增长就是可以得到保证的。当然，反过来说，如果创业指数落后于人均GDP，那就表明增长乏力。从这张图来看，中国是非常有竞争力的。所以，在今后几年中，由于中国创新创业的活跃度非常高，增长还是会非常好。比较好的是印度，印度当然比中国穷很多，但它的发展水平也是领先于下面其他国家的。下面的阴影是创新创业落后于发展水平的，这往往是一些拉美国家。所以，以前说拉美陷阱，那些国家虽然比较富有，但创新能力不足，发展比较落后。

中国会不会陷入拉美式的中等收入陷阱？中等收入陷阱实际上是创新不足的陷阱，看来中国没有这个问题，非常强劲，我非常看好。

这是为什么呢？我们看看深层次的方面，为什么中国现在创新能力这么强，或者创业的活跃度这么高呢？我们还是看看什么是创新的根本动力，其实不是政府的政策，也不是产业的政策，这些都没有用。资本是很重要的，但在全球资本流动的情况下，资本也不是稀缺的，真正稀缺的是人才。我们看一看中国人才的指标，从每百万人口的研发人员来说，中国远远超过同等收入的巴西、墨西哥这些国家，而且这个增长速度非常快。这个数字跟一些发达国家相比还是有差距，比如美国、韩国等，但中国的追赶速度非常快。

接下来，我讲人才最重要的两个效应：一是规模效应，二是结构效应。规模效应就是100个人集中在一起发挥出来的能量是10个人集中在一起能量的10倍，甚至是20倍或者30倍，这就是我们说的经济上的规模效应。世界上一些最好的、最活跃的创新中心，比如硅谷是IT业的创新中心，集聚了世界上最具创新能力的人才，单位人才的产出量远远大于美国和世界上其他一些地区，美国将近一半的创业资本都投入到了硅谷。其他的一些创新中心，比如文化的创新中心，像影视的在洛杉矶，也会产生规模效应，纽约在金融方面也会产生规模效应。美国的成功跟它的人口基数、人才规模效应是分不开的。

中国有没有这样的可能？完全有这样的可能，虽然说中国现在人口的教育水平或者说人才质量跟发达国家相比还有一些差距，但是在人才数量上，已经达到了发达国家的水平。而且，随着这些年轻人经验的增加和国际视野的开阔，将来中国非常有可能形成几个IT业、影视业或者其他产业的人才中心。

在结构效益方面，我主要指的是年龄结构。我过去几年最关心的是中国人口政策的问题。为什么年龄结构重要呢？还是要从为什么要创新和创业这个话题讲起。从数据上来看，四五十岁的人实际上很多方面的能力还是很强的，并不输于年轻人，尤其在管理、沟通方面，甚至在一些小的改进性创新方面是很好的。但是，我们看到新一轮的IT行业竞争往往需要一些颠覆性的创新，要重新开一家公司，重新做一个模式。这样的事情年轻人非常适合做，因为他们没有包袱，而且愿意百分之百地投入，愿意冒风险。而一些大企业往往由于各方面的原因，风险意识的原因、财务上的原因、激励机制的原因或者是人才结构的原因等，往往不能做一些颠覆性的创新。

举个例子：比较一下日本前几位的高科技公司和美国前几位的高科技公司，可以看到，美国百分之七八十的公司都是最近二三十年由最年轻的企业家创办的，基本上是颠覆性的，开创了整个行业，而日本就缺乏这样的思维。日本的这些高科技企业也在不断申请专利，不断进行一些微创新，却被美国的这些新兴公司颠覆，现在都面临着困境。

对于年龄结构跟创新创业的关系有着最好研究的是日本，因为日本是世界上第一个进入老龄化的国家。第二次世界大战以后，日本的生育率急剧下降，美国、欧洲还有婴儿潮时期，而日本的生育率一直是世界上最低的。所以，从20世纪90年代开始，日本的老龄指数急剧上升。企业里，在六七十年代，都是二三十岁、三四十岁的人为主，到了90年代，一直到现在，都是四五十岁、五六十岁的人为主。也就是说，日本的经济活力、创新活力和经济增长率从90年代开始就一直非常低迷。虽然低迷的部分原因是房地产和金融危机，但已经持续二三十年了，所以这确实是一个结构性的问题。

我们看看日本和美国的差别，日本在这二三十年中没有新的企业，这些老的企业都是很多年前创立的，现在它们都已经非常老了，日本企业的创始人现在健在的已经不多了，而美国的一些企业是由非常年轻的创业者创办的。

为什么企业会老化，创新和创业的活力会降低呢？原因就是晋升的机制，日本企业在几十年前，可能30岁左右还能够升到经理的职位，还能管十几个人，做一些重要的决策。但是，随着他们年龄结构的老化，可能到40岁左右才能升到经理的职位，到50多岁才能升到部门经理，所以年轻人在企业中的发言权、掌握的社会资源和社会关系都非常弱，在这样一个老龄化社会，他们就被边缘化了。年轻人出去创业是非常困难的，从数据上来看，日本年轻人的创业活力尤其弱。一般来说，各个国家都是30岁左右的人最具有创业活力，而在日本，30岁的人创业的概率竟然小于50岁的人创业的概率，这是老龄化社会最大的问题。

我们不光看过日本，还看过世界上其他很多国家的数据。我们做了相关的分析，越是人口结构老化的国家，创业的活力就越弱。

我们看看中国的情况。我们知道，中国的计划生育是从20世纪80年代开始的，逐步严格地实行一胎化，现在80后还是一个巨大的群体。到了90年代，由于严格实行计划生育，以及各种各样的因素，包括城市化的因素，人们的生活水平提高了，生孩子的意愿不像以前那么强烈了。现在，中国是世界上生育率较低的国家。中国有世界上20%的人口，但中国新生儿的比例只占世界新生儿比例的11%左右，未来在人口规模上，其他国家会超过我们。现在中国的大城市，比如上海、北京，一对夫妇平均只生一个孩子。总体来说，中国的每代人大概只生1.2~1.3个孩子，每代人的人口要比上一代减少近一半，这是非常危险的。

所谓人口红利，是工作人口占总人口的比例，中国的工作人口已经开始缓慢地减少。这当然不是一个大问题，但里面暗含的是人口结构的剧烈变化。中国未来如果仍持续这么低的生育率，人口结构肯定是倒金字塔形的。这种人口结构最大的问题，一方面是总的工作人口减少，另一方面就是人口结构老化，规模效应减少。人口结构老化会带来整个社会的老化，年轻人创新创业的活力下降。

　　这不是危言耸听，这种剧烈的人口变化，或者这么低的生育率，世界上任何一个国家都没有经历过。中国是大国，可以办大事，强势的政府可以推出一些非常激进的政策，世界上没有哪个国家实行过这么严格的一胎化政策。大部分国家都采取完全放开生育，甚至是鼓励生育的政策，而中国现在的政策还没有改过来。

　　对于这个问题，我感觉不是很乐观，但是现在政策已经松动了，我还是非常欣慰的。从下面这张图中，我们可以看出，中国的人口组织结构实际上跟日本有二三十年的差距，也就是说，未来中国也会面临和日本一样的人口老化问题，而且老化的速度会更快，因为中国实行的是严格的一胎政策，而日本是自然发展的结果。

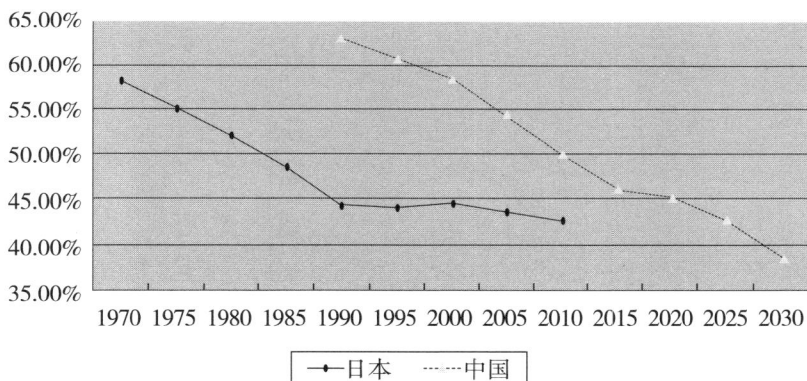

图3：中国和日本的人口结构

　　人口的问题是一个综合问题，我只是讲了它对创新创业的影响，人口减少还会带来其他问题，比如养老负担的加重等。有人认为人口减少会有很多好处，比如资本更多了，就业机会更多了，资源环境更好了，城市拥挤得到了缓解。其实，这些都是误区，我举个简单的例子。我最近到巴西去，巴西其实是一个地广人稀的地方，但是它的最大的城市非常拥挤，污染非常严重。在发达国家，比如西欧的一些国家和日本，城市环境都治理得非常好，人口密度也比中国低。未来，人口是每个国家最重要的核心竞争力，尤其是高素质的人口。

中国的伟大复兴要靠创新和创业的能力，这个根本取决于人才，而人才的根本取决于人口，包括人口规模和人口结构。所以，短期来说，我非常看好中国未来的创新创业的机遇和中国可持续的经济发展。为了中国10年、20年以后的持续发展能力，我希望大家一起努力，进一步完善中国的人口政策！

第四篇

民生热点

反腐败与中国第二次政治革命

郑永年

新加坡国立大学东亚研究所所长，中国问题专家

中国的腐败已经发展到极其严重的程度。怎么办？人们指向制度建设。腐败是制度的产物。首先，腐败是现存制度运作的结果，包括经济、行政和政治体制在内的很多制度。其次，反腐败的制度不作为，不能有效遏制腐败，更不用说是根除腐败了。正是在这个意义上，所有国家都会从制度入手来惩治腐败和预防腐败，确立清廉政府。

但是，对反腐败的制度建设的考量不能过于简单。中国自改革开放以来，并非没有制度建设。论反腐败制度的规模和数量，中国可能比任何国家都要大、要多。每一代领导人、每一届政府都会增加一些制度和机制。这里就需要比较现实地理解反腐败运动和制度建设之间的关系，而不是简单地企求制度来解决所有腐败的问题。

这次反腐败的总体策略是先治标，后治本，这有很大的政治理性。从实际情况看，腐败已经发展到不治标就难以治本的地步。首先需要治标，就是要为反腐败制

度的确立营造一个良好的政治生态环境。任何制度都是由人来建立的，也是由人来运作的。任何一项制度如果让腐败者来建立，让腐败者来操作，理论上最健全的制度也会演变成腐败的制度。从20世纪80年代到今天，中国建立了那么多反腐败制度和机制，但占据这些制度的人或者反腐败者本身，往往也很腐败。结果，腐败仍然大行其道。

从这个角度看，不能低估运动式反腐败的作用，通过荡涤大面积的深度腐败局面，造就一种较好的政治生态。只有在一种较好的政治生态下，才能确立有效的反腐败和预防腐败的制度。这里的过程是：用运动来清除大面积的腐败，确立良好的制度建设环境；确立一套符合时代需要的反腐败和预防腐败制度机制；用制度机制来保障清廉政府。

党内自上而下反腐败

当然，反腐败运动本身并不能仅仅表现为政治运动。这次反腐败尽管表现为运动形式，但已经超越以往传统的政治运动形式。至少表现为三个方面。第一，反腐败并没有表现为民粹主义式的群众运动。实际上，从一定程度看，自下而上的群众反腐败空间已经有很大的收缩，这尤其表现在通过互联网的社会反腐败。在过去很多年里，老百姓通过互联网工具的自发反腐败运动，曾经扮演了很重要的角色，几乎有成为主体的趋势。但这次反腐败的主体，乃是自上而下的党内反腐败运动。第二，在各类腐败案例中，尽管企业界也卷入其中，但除了少数案例，这次反腐败的对象主体是党政官员，尤其是高级官员。第三，这次反腐败运动已经倾向于以法治为基础。反腐败的运动性质本身并没有可以质疑的，问题在于这样的运动是否有法律的基础。即使在民主国家，反腐败也往往体现为运动式的。不管在怎样的制度环境下，腐败积累久了，都需要用运动来加以整治。运动式的反腐败和法治也并没有必然的矛盾，只要反腐败运动是基于法治精神的。

反腐败和预防腐败的制度建设很重要，从形式和数量上看，中国都已经具备了，但仍存在着巨大的改进空间，主要是制度的有效性和权威性。中国之前反腐败和预防腐败的制度数量过多，也就是内部制度过分多元化和分散化，制度、机制之间缺少整合和协调，没有确立起政治责任制。各机构之间互相制约、推卸责任，在造成了巨大的制度浪费的同时，也为腐败分子创造了很多机会。

就反腐败和预防腐败制度的权威性来说，直到这次反腐败运动，基本上不存在制度的权威性。例如，制度、机制都表现为"左手反右手""左手预防右手"的形式，同一级党委和政府，自己负责自己的反腐败和预防腐败。这种设计必然导致制度失效。让各级党委来主导自己的反腐败，就会造成这个党委本身是腐败的制度根源；让各级党委来主导自己的预防腐败，就会造成"此地无银三百两"的情形。

中共十八大以来的反腐败之所以比历次运动有效、有力，主要是因为两方面的改进。首先，这次反腐败主要是由中纪委来主导，中纪委成为唯一的反腐败运动权力中心，改变了原来无人负责的情形。现在全国的老百姓都知道谁在负责反腐败，发现了腐败应当找谁去。其次，这个设置也确立了中纪委的权威。从横向看，中纪委派反腐败机构和人员进驻中央各领导部门和部委，而不是像从前那样，各领导部门和部委自己的腐败自己反。从纵向看，现在实行的是"下管一级"制度，就是省一级的反腐败运动直接由中纪委来进行，也改变了以往省委自己的腐败自己反的局面。如果没有这两方面的制度变化，很难想象能够查处从"苍蝇"到国家领导人级别的"大老虎"的各级官员。可以预见，在这次大规模的反腐败运动过后，这些有效的制度会更加制度化，得到巩固。

即使是这样，也不应当把反腐败和预防腐败的制度过于理想化，把所有的希望寄托在制度上，使其不堪重负。国际经验表明，一个清廉的政府不仅需要有效的反腐败和预防腐败制度、机制，更需要经济、社会、行政体制等多方面的配合和协调。就目前的中国来说，其他的体制如何能够配合反腐败呢？这是一个复杂和系统的工程，这里只能涉及几个基本方面。

经济体制改革就是要消除经济寡头的制度基础。中共十八届三中全会把"市场化"确定为企业改革的目标，就是这个方向。市场化就是企业运作的公开透明和开放性。就国有企业来说，20世纪90年代的"抓大放小"组建了诸多大型的国有企业集团，这个方向是对的，但市场化并没有到位。

现在是反腐败的一个历史机遇

在经济领域，预算制度的确立也同样重要，对反腐败和建立清廉政府，具有其他制度不可替代的作用。近代以来，预算制度的确立是所有国家建立清廉政府的制度前提。预算是政府体制运作的血液，控制了血液，就能预防和控制腐败。所以，政府需要论证每一分钱、每一毛钱、每一元钱的用途。很容易理解为什么会计和审计等计算职业，是发达国家最重要的几个职业。从这个角度来看，今天的中国还没有近代意义上的预算制度。

在中国，所谓的预算更多地表现为对财政资源的政治和行政分配，或者用政治和行政权力来获取预算资源，并且分配和获取的方式也不公开透明。中国的一个领导人可以接触到天文数字的预算资源，这种情况在其他现代国家难以想象。中国始终没有发展出近代会计和审计制度，控制仍然倾向于使用政治手段。在没有现代预算制度的情况下，最大的反腐败运动也会是无效的。

就行政体制改革来说，就是要减少和控制官员的权力。"要把权力关在笼子里"，但如果官员手中掌握着太多的权力，这个笼子很难做。

更为重要的是要减少权力，限定政府官员的权力范围。这就要求政府要大力下放行政审批权，把权力下放到企业和社会中去。把权力放到企业和社会中去的时候，政府本身的权力笼子就比较好做了。

社会改革也同样重要。腐败往往是滥用公权力、权力寻租和追求特权所致。因此，要减少和控制官员在各个领域的各种特权，包括社会保障、医疗、住房、教育等。现在公车改革已经开始，必须逐渐延伸到其他各个领域，而且不可以过于理想化。各国经验表明，"特权"的社会化非常重要，也就是要建立所有公民，包括官员在内都能享受的良好的社会保障体系。如果没有，官员照样会千方百计地去搞权力寻租。公务员也必须拥有能够过体面生活的工资水平。公务员没有体面的工资水平，既会影响到他们的工作动力，也会促使他们通过"潜规则"来进行权力寻租。

从中国现实的政治生态看，现在是反腐败的一个历史机遇，也是确立反腐败和预防腐败制度的一个历史机遇。这不仅是因为腐败已经演变到那么严峻的状态，更是因为领导层的代际变化。这一代领导层能够反腐败，不见得下一代领导层也能够这样做。现任领导层没有任何推卸责任的道理。

更为重要的是，中国的政治正处于转型之际，如果现在的腐败政治生态得不到改变，就可能出现三种恶劣的情形。第一，政权逐渐演变成右派专制统治，即经济寡头顺利地转型为政治寡头。第二，政权逐渐演变成民粹主义，即政权失去基本的合法性，老百姓起来造反，再次出现革命性的政权。第三，政权演变成右派民粹主义，即寡头政治和社会力量结合起来，类似于今天的乌克兰的情形，一个寡头，一个政党，各政党鼓动自己的支持力量，互相恶斗。当然，在不同历史时期，也会出现这三者恶性循环的状态。

反腐败依然任重而道远。中国需要以大规模、持续的反腐败运动为契机，确立新的反腐败和预防腐败的制度体系。如果成功了，人们可以称之为中国的"第二次政治革命"。

公立医院为何越控越大

曹　健

对外经贸大学中国经济发展研究中心研究员

　　近日，在国家卫计委下发《关于控制公立医院规模过快扩张的紧急通知》之后，我们又看到了一系列的新闻。比如，2014年6月19日，深圳市政府批复深圳市中医院落户光明新区，医院总规划床位2000张，届时将成为国内一家超大型的中医专科医院。北京市医管局拟牵头成立100亿元人民币规模的"北京市医疗服务产业发展基金"，作为北京市公立医院的投融资平台，用于新建或收购医院。在鼓励社会资本办医的大背景下，北京市医管局仍然认为解决不断增长的医疗服务需求重担落在公立医院身上，重要途径就是公立医院通过新建、改建项目来增加服务能力。

　　自2004年以来，卫生部门就不断地要求严格控制公立医院规模，现实却事与愿违。据统计，截至2012年末，全国大型医院（床位超过800张）数量为1059家，其中超过4000张床位的巨无霸医院也达到10家以上。国家卫计委对此也发文表示，部分公立医院片面追求床位规模、竞相购置大型设备、忽视医院内部管理和机制建设等粗放式发展的问题，导致医疗费用不合理增长，既挤压了基层医疗卫生机构与非公立医院的发展空间，也不利于医院提高服务质量和管理水平。

为什么公立医院的规模越来越大，而卫生主管部门却控制不住？其根源在于：公立医院隶属关系错综复杂，卫生部门对于医院只是制定行业管理办法与监督实施，而对于医院的微观经营层面却无法管理；诸多内外部环境因素仍在鼓励公立医院不断扩大规模。

公立医院隶属关系错综复杂

繁杂的医院隶属关系，以及卫生部门在控制公立医院扩张方面缺乏有效的措施，致使公立医院将卫生部门的限扩令当成一纸空文。

中国公立医院的隶属关系可以说在全世界是最为复杂的，包括：军属医院、卫生属医院、省/市（区）/县属医院、国有企业厂矿属医院、大学院校属医院、机关事业单位属医院等。由于隶属关系的不同，每种不同性质的医院所享受到的政府支持政策也不尽相同，在竞争及其他利益的驱动下，各类医院间不仅开展"医武竞赛"（The Medical Arms Race，MAR），还进行着规模扩张竞赛。

环境因素

公立医院不断规模扩张，源于以下五个因素：

第一，医院管理者素质。

医院管理者的素质对医院规模的扩张起着决定性作用，也是医院规模扩张的核心因素。由于公立医院长期以来产权不明晰，缺乏有效的市场激励机制，医院的规模扩张在很大程度上取决于医院管理者的素质及扩张动机，其动机越强烈，越倾向于规模扩张。

第二，制度因素。

中国公立医院背后有着复杂而稳定的制度系统。作为卫生系统的重要组成部分，制度系统包含了一系列的法律、规章和制度等。

医院管理体制。政府财政对医院补偿不足，财政拨款占公立医院总收入的比例不到10%，因此，医院要想发展，必须通过扩大业务收入来弥补不足。

自改革开放以来，对公立医院院长的绩效评价制度一直缺乏明确标准。传统的、模糊的院长评价指标历来只注重医院规模、业务收入和工作量标准。在这样的评价标准下，追求医院规模持续扩张就成为医院院长们的正确行为目标。

从公立医院上级主管部门——卫生行政部门来看，医院的发展规模已经成为地方领导部门的一种快速、显性的政绩。出于这一目的，政府部门在土地划拨、贷款等相关政策上给予极大优惠，鼓励公立医院新建大楼和购买高精尖医疗设备。

医院的管理体制，对公立医院的规模扩张起到了直接或间接的推波助澜作用。

价格机制。中国政府对医院一直执行的是医疗服务价格管制，制度上的缺陷导致其价格体系严重扭曲。医疗服务的定价方式有两类，第一类是常规和基本的医疗服务项目。这类项目执行成本定价，价格一直偏低。从改革开放至2005年，物价指数上升到488.2，医疗保健价格指数为226.21。有调查显示，公立医院成本高于收费价格的项目占45.98%~53.27%，成本回收率仅为28.47%~37.86%。第二类主要是检查检验和治疗类的服务项目。这类项目主要依托于医疗技术设备，定价方式由实施医院核定设备、材料和人力等成本，根据成本拟定价格，形成"相对自主定价"，医院可以有较大的利润空间。医院为了弥补基本医疗服务带来的亏损，必然会通过大量使用新技术、新项目来获得补偿。规模越大的医院，越容易获得卫生部门的医疗设备配置许可。

由于实行药品加成，药品收入成为医院收支结余的主要来源。根据卫生统计年鉴，2010年药品收入占医院总收入的46%。在这种价格体系下，医院资源配置和行为发生扭曲，规模扩张成为必然选择。

医疗保障制度。从1985年开始，政府开始对医疗服务机构减少投入，同时对医疗服务价格、设备、经费等放松管控。为了生存发展，医院开始注重经济收入，规模扩张开始涌现。2003年，国家开始实施医疗卫生体制改革，构建多层次医疗保障体系，并实行区域卫生规划，明确区域内医院数量、布局、床位规模和大型医疗设备配置。自此，医院规模开始进入调整期，医院纷纷探索规模扩张。随着全民医保体系的不断完善，医疗需求得到了快速释放，为了适应和满足不断上涨的医疗需求，医院不得不扩大规模。

转诊制度。在20世纪80年代初期，中国医疗实行强制性转诊制度，病人就医首先到基层医院，基层医院无法诊治时，才向高等级医院转诊。从1983年开始，强制性转诊制度取消，病人可以选择不同级别医院就诊，仅用首诊报销比例进行调节。病人的盲目就医倾向导致大型医院人满为患，以至于医院不得不进行被动规模扩张。

第三，科技因素。

由于科技的进步，医院疾病诊疗模式也不断发生改变，医院的学科被不断细化，很多传统专科又被分解为几个或若干亚专科。在同一家医院，医院的专科化水平越高，医院越容易获得规模经济。其作用机制主要是：医院所拥有的专科化的医疗设备越丰富，医院的固定资产所占比例就越高，规模经济程度越大；医院的专科化水平越高，表明医院所能诊治的疾病种类越多，越容易拓展新市场，从而扩大医院市场规模。随着医院的专科化程度不断提高，医院总的长期平均成本曲线也就呈下降趋势。

第四，市场因素。

在医疗市场中，患者就医时普遍存在趋高现象，更倾向于选择规模较大的医院和价格高的医疗服务。大型医院对患者具有明显的"虹吸效应"，又进一步推升了医院规模的不断扩张。由于医患双方存在严重的信息不对称，医院很容易诱导患者不合理的就医需求。此外，医疗市场不是完全自由竞争的市场，医院进入市场的门槛较高，形成供方垄断优势。

第五，需求因素。

截至2011年，全国60岁及以上人口达到1.85亿，占全国总人口的13.7%，人口老龄化趋势带来就医需求不断增加。

人们生活水平的提高及环境的恶化，带来了疾病谱的改变。许多过去发病率较低的疾病，现在上升为高发病率，相应的医疗需求也随之增加。

传统的"生物医学模式"逐渐向"生物—心理—社会医学模式"转变，带来了医疗需求多元化的改变，医院职能也发生相应的改变与调整，从而催生出一些新的科室，如康复科、心理科、感染疾病科等。这些需求因素的增加又带动了医院新的规模扩张。

综上所述，公立医院的规模扩张在现行的各种因素约束下，似乎又是医院管理者们的一个"合理"选择和占优策略。但是，正所谓"阴始于阳"，大部分公立医院今天的盲目与无序扩张，在未来随着医保支付制度的改革、行业竞争的加剧、医院改革的纵深推进及医疗服务体系的归位，造就了部分医院今日繁华的原因也许将成为明日的发展羁绊。

全面深化改革年代的互联网

祝华新

人民网舆情监测室秘书长

据中国互联网络信息中心（CNNIC）第三十三次中国互联网络发展状况统计报告，2013年微博用户规模下降2783万人，使用率降低9.2个百分点。与此同时，中国网民总数在继续增加，截止到2013年12月，达6.18亿人，全年新增网民5358万人。

过去一年（2013年）内，中国网民的人均上网时长，相比上年增加了4.5个小时。但是，22.8%的网民使用微博的时间减少，只有12.7%的网民使用时间增加。

微博舆论场的活跃度，已经从2011年7月23日甬温线动车事故的峰值跌入低谷。当时，几天内就涌出5亿条微博帖文。珠海企业家网友陈利浩发了一条微博，承诺网友每转发一次就给最后一位获救的乘客小伊伊捐款1元，这条微博24小时内转发近百万。

然而，自2013年8月薛蛮子等被拘以来，政府的互联网治理给微博舆论场当头浇下一瓢冰水。2014年3月8日马航MH370飞机"失联",全民在网上进行福尔摩斯式的推演,微博热度有所回升,10天内新浪微博和腾讯微博有关"马航+MH370+失联"的帖文近3000万条,但仍比动车事故时期低了一个数量级。

3月13日,三十几家微信公众账号被停止服务,包括一些时政类、法制类账号,腾讯给出的理由是涉嫌违规信息、涉嫌色情或多次被举报等。此前,微信公众账号因言论尺度比微博宽松而受到欢迎。有网友担心,初兴的微信发展空间受限。

对于近半年来网络舆论的大起大落、网民的大喜大悲,如果局限于互联网自身就事论事,会摸不着头脑,甚至得出比较消极的结论。对此,不妨放眼于新一届政府全面深化改革的"新政"背景,来进行一番梳理。

薄王事件与极端思潮

从20世纪八九十年代之交的政治风波,到1992年邓小平"南方谈话",中国社会的发展呈现箱体震荡的特点。稳定压倒一切,维护体制威权;社会主义可以容纳市场经济——从左右两翼划定了发展与改革的边界。

这种箱体震荡,保障了经济持续二十多年的高速增长,中国一跃成为世界第二大经济实体。但是,由于市场化改革的不彻底,特别是公权力在社会资源配置中的巨大影响力和缺乏监督下的寻租行为,加剧了竞争机会和社会收入的不平等,出现了富者愈富、穷者愈穷的"马太效应",社会阶层流动通道壅塞,民意的"吐槽"压力越来越大,社群冲撞时有发生。而拒绝变通的体制惰性也越来越强。

2012年,从"薄王事件"爆发到十八大召开,出现了一个"时间窗口"。党内外出现了清理"文革"遗风、反思高压维稳体制、加快政治改革的激越呼声。

体制内外的思想激荡，为冲破"利益固化的藩篱"而重启改革呐喊、掠阵。本来，思想界的沉闷既是体制固化的苦果也是原因之一，但有时也会对现实的政治操作构成一种扰人心神的杂音，甚至可能不必要地激化矛盾。

实际上，这些年微博等民间舆论场的诉求，越来越脱离体制的现实承受力和可行性，并且不断自我强化。从一些突发事件的个案质疑政府的公信力，发展到质疑公权的合法性。网上甚至出现了所谓"国粉"，即国民党政府和蒋介石的铁杆粉丝。颠覆共产党革命经典的帖文、段子也时有流传，从所谓"方志敏真相"和怀疑"狼牙山五壮士"，到质疑延安抗日和抗美援朝。这样的放言，即使在思想解放的20世纪80年代也是难以想象的。这使得体制内有人担心："上甘岭已危，十五军安在？"

共产党执政的底线不容挑战。互联网作为对主流舆论特别是年轻国民影响最大的意识形态"阵地"，有关管理部门守土有责，守土尽责。

但是，除了这些极端的言论，在众多涉及民众利益个案的问题上，网上不少听起来不甚和谐的杂音，更多地还是"人民内部矛盾"，是民众和政府之间信息不对称所导致的疑虑，是民众合理的或不合理的诉求。客观评估，现阶段网上批评性的言论，就总体而言，并不具备有纲领的政治对抗、有组织的社会动员性质。网友戏言：网上经常就公共事务发言的所谓"公知"，自以为刷微博像皇帝批阅奏章，实际上只是婆婆妈妈唠叨的"婆知"。热火朝天的网上言说，更多地带有调侃娱乐和心理宣泄性质。不可掉以轻心，但也不必过度解读。

另一方面，怀念"文革"、美化"唱红打黑"的情绪，也有不小的民意底盘。2013年10月6日粉碎"四人帮"37周年之际，有个不知名的网友发帖说："只恨下岗职工没有多少文化，不然写写'伤痕文学'，那么'改开'（改革开放）后简直就是地狱！"他显然认为，下岗工人在改革开放时期的苦难不比"文革"中的知识分子少。在国企改制下岗以后，他们处于极度贫困和无助的状态。但是，比物质贫困更可怕的是精神贫困。知识分子还倚仗自身的见识来批判社会转型过程中的不合理现象，而精神贫困者只能从怀旧中寻找精神寄托，在重构的记忆中，为十一届三中全会路线所否定的"文革"和高度集中的计划经济被极度地美化了。

每到周末，在洛阳的周王城广场上，常有一些人举着毛泽东像，唱红歌，翩翩起舞。这是一个被市场经济边缘化、亟须社会送去温暖的人群。

在一些热点事件和敏感议题中，左和右，精英和草根，尖锐对立，从认知分歧到情感对撞，一定程度上正在撕裂社会。

从国际环境看，自东欧巨变后，过去被认为最不适合走现代化之路的中东国家，开始了又一轮转型和动荡，给中国是否坚持现有发展路径带来困扰。距离邓小平"南方谈话"后的那一波市场化大潮，相隔经年，人心思变。中共十八大后接掌中国的执政团队如何才能同时应对来自"老路"和"邪路"的舆论压力，为中央主导的深化改革营造客观理性、万众一心的舆论环境？

用"中国梦"弥合社会分歧

习近平团队登上历史舞台后，表现出历史担当和鲜明的施政风格。

中共十八届三中全会就全面深化改革做出总体部署，提出了改革的路线图和时间表，涉及15个领域、330多项较大的改革举措，包括经济、政治、文化、社会、生态文明和党的建设等各个方面。近年来，社会各界热议的一些议题，都能从三中全会找到共鸣。习近平总书记告诉外媒记者："改革的进军号已经吹响了。"

习近平坦率地表示，中国改革经过三十多年，容易的、皆大欢喜的改革已经完成了，好吃的肉都吃掉了，剩下的都是难啃的硬骨头。这就要求我们胆子要大、步子要稳，尤其是不能犯颠覆性错误。

因为负重前行，本届政府对互联网有了新的认识。有别于以前的"网开一面"，本届政府更多地看重互联网对政府管控社会的"最大变数"，积极"亮剑"，打压互联网空间的各种"寻衅滋事"。在政府看来，如果听任偏激舆论扰乱社会心理，将极大地增加社会治理成本，甚至导致执政危机。

显然，这是一个互联网治理的强势政策思路。

早在1989年2月，中国领导人会见美国总统布什时，郑重告知：不要押宝在中国某些主张极端西化的人身上，"真正推动中国改革的现实力量，是正在按中国特色办事的中国政府和中国人民"。从当年的"西单墙"到今天的网上偏激言论，虽然热闹一时，但欲速则不达，容易裹挟民意，误导决策，其结果是延误改革和发展的进程，甚至犯下"颠覆性错误"。

2014年2月27日，中央网络安全和信息化领导小组宣告成立，习近平总书记亲任组长。这是习近平自中央全面深化改革领导小组组长、中央国家安全委员会主席之后，兼任的第三个新设职务。总书记亲自挂帅，就是从国家治理能力现代化的高度，理顺和整合网络治理体制，切实提升新媒体的应用水平和治理能力，推动形成客观理性的网络生态，作为中国社会转型的压舱石。

党和政府善管互联网，善用互联网，网民珍惜鼠标和键盘话语权，政府以变革创新提升舆论引导力，民众以互动交流求取"最大公约数"，就可以把互联网这个"最大变数"变成可知、可控、可协商的"常量"，变成治国理政的新平台。

沿着三中全会的改革方向，与民更始，从互联网这个最大的意见平台着手，如果能成功地压制各种极端思潮，消解社会戾气，凝聚全党意志和全民共识，则有望开启又一个黄金十年，这就到了中共建党

100周年（2021年）；然后再接再厉，为新中国成立100周年（2049年）成为中等发达国家，奠定坚实的基础。这就是中共十五大首次提出、十八大重申的"两个一百年"奋斗目标。如果一帆风顺，"中国梦"将成为当今社会的主流意识形态。

清朗的微博意见平台：对社会有利

微博用户流失的技术原因是微信的兴起。CNNIC的研究数据表明，减少使用微博的人中，37.4%转移到了微信。其深层次原因是对在微博这样的公众意见平台的表达缺少安全感。

微博上的批评帖文少了，但社会转型期各种矛盾纠结仍在，批评意见只是下沉到微信。微信是私人朋友圈，看上去没有微博那么闹心。但是，失去了舆论预警功能，社会就像一条船在没有航标的湍流中前行，是很危险的。而且，微信是同质化的小众文化圈，里面常常是一边倒的声音自我强化，不像微博公众意见平台，不具有信息流动中的自我净化机制（微博辟谣的社区自治机制已建立），以及舆论的对冲制衡机制。在马航飞机"失联"事件中，不实传言虽然在微博上此起彼伏，但都能较快地得到澄清，但在微信朋友圈还在持续疯传。微信的纠偏功能明显不如微博。

微信替代微博，可能是因为新技术媒体的用户偏好，也可能提示了公众政治参与的冷感和公民心态的萎缩。

近来微信朋友圈里传言满天飞，有点像"文革"末期的"小道消息"。邓小平曾在1978年警示说："现在党内外小道消息很多，真真假假，这是对长期缺乏政治民主的一种惩罚。""一个革命政党，就怕听不到人民的声音，最可怕的是鸦雀无声。"

所谓"舆论"，主要是民间意见，是对政府施政的评估反馈。网上舆论工作，以正面引导为主。新闻宣传和思想工作只能站在群众中间，顺势而为，因势利导，而不宜站在群众对立面。

既然互联网是对话平台，就要克服消极防范心态、本领恐慌和管治焦虑，学习和提高对网络新媒体的运用驾驭能力。在疾风暴雨式的互联网专项治理后，网上舆论工作将进入专业化、精细化的舆论博弈阶段。从2013年9月《最高人民法院、最高人民检察院关于办理利用信息网络实施诽谤等刑事案件适用法律若干问题的解释》出台以来，政府出重拳弥补前些年互联网管理的缺位是非常必要的。但从长远看，互联网"自媒体"舆论的治理，与中国社会的整体改革一样，仍需遵循小政府大社会的价值取向。在政府这只奋发有为的"看得见的手"之外，不妨充分激发和调动市场机制和网络社区"看不见的手"的力量，鼓励网络社区的自治，鼓励网民的道德自律，鼓励网民特别是"意见领袖"增强媒介素养和社会责任感。

政府在互联网上，不仅要作为管理者出现，也要成为积极的参与者。现在，"微博国家队"正在做大做强。迄今已有24万家政务微博，数百家党报、国家电视台等主流媒体微博，积极发声，引导舆论。而且，"国家队"正在从微博前进到微信和新闻客户端。

对于依宪治国、公民社会等前沿敏感问题，还需要严肃探讨。研究无禁区，宣传有纪律，这是中国官方的一贯方针。更为彻底的体制改革和社会转型需要水到渠成，不能操之过急，但不能因此拒绝未来的变革选项，重新挑起不必要的意识形态论战，冷了党内外相当一部分人的心。

党内一位高级干部诚挚进言：当下中国的主要矛盾并未改变，特别是教育、医疗、就业、住房、养老、保险等一系列群众普遍关心的民生问题更为重要，严重影响党和政府与人民群众互信的腐败等问题更为重要。这就决定了坚持改革开放的大方向不能变，聚精会神搞建设、一心一意谋发展的策略不能变。一些人有意无意把人们的注意力引向意识形态争辩，如果不是出于对既定话语的迷恋、对自己一生得益于此道的迷恋，那起码是对大势研判的糊涂。说一千道一万，现实问题不解决，意识形态的苍白争辩只能越争越混乱，党和政府与人民群众的互信只能越来越低。

2013年打击网络谣言以来的一些大V案将进入司法程序。这些案件将成为涉网普法的经典案例。法院在审理中特别需要厘清法律边界，互联网是否"公共场所"，如何界定"网上寻衅滋事"罪，希望审慎裁量，恪守法治精神。这关系到互联网的兴衰。

网络知识分子：政治引领和政治吸纳

人民网舆情监测室在《2008年中国互联网舆情分析报告》中，提出网上出现了一种"新意见阶层"，即关注新闻时事、表达意见的活跃网友，能在极短的时间内凝聚共识，发酵情感，诱发行动，影响社会。

今天，依托于新技术媒体，依托于市场经济，出现了一批特殊知识分子，即自由撰稿人，网络"意见领袖"，网站管理员，"自媒体"版主，媒体微博、机构微博的运营者等。他们在一定程度上成为民意代言人，对政府陈情，但又经常放大某些超越现实可行性的偏激诉求。

网络知识分子的出现，不会因为政府喜欢或不喜欢而消失。早在1944年，学者就发现舆论传播是一种"二级传播"，新闻事实首先作用于"意见领袖"，然后才影响到公众。这种现象在互联网平台上更为突出。企图变"二级传播"为官方媒体对公众的一级传播，只能是一厢情愿。

他们大都属于体制外人士。其中有"无良大V"，借互联网暴得大名或"增发"了知名度，如果他们的言行逾越法律的边界，也不能因为公众人物的光环而逃避惩处。但从另一个角度看，在网上直言进谏的，不少人有一颗赤子之心。客观评估他们的建设性和合作精神，加强对他们的政治引领和政治吸纳，是意识形态工作和社会管理创新的一个重要方面。

第一，帮助网络知识分子准确把握国情，理解公共治理和社会转型的全部复杂性，增强言说的分寸感、责任感。做官民之间的桥梁和润滑剂，倡导对话而不是对抗。

建议包容和支持一些活跃网友在报纸、杂志、电视台等传统媒体理性发声，鼓励他们回归社会主流，避免"场外"心态。越是边缘化，越容易激进化。

再如，2013年重提50年前的"枫桥经验"，有网友担心这是"左"的做法卷土重来。其实，在1963年，阶级斗争风声鹤唳的年代，浙江诸暨市枫桥镇恰恰是在尝试用柔性的手法治理基层。为"四类分子"摘帽，依靠群众就地化解矛盾，小事不出村，大事不出乡，矛盾不上交。在当时是有积极意义的。在谈到"枫桥经验"时，习近平总书记要求善于运用法治思维和法治方式，解决涉及群众切身利益的矛盾和问题。中央政法委书记孟建柱提出：把"脚板走访"与"网络对话"结合起来，加强民生服务网站、政务微博、民生微信、民情QQ群等建设，为党和政府体察民情、化解民忧提供新渠道，为群众实现自我管理、自我服务提供新平台。

体制内语言的旧瓶装新酒，是对前些年"刚性维稳"的某种策略调整，正是知识界网友所呼吁的。网络知识分子对于政府的改良诚意和点滴进步，不妨多包容、多鼓励，官民互动才会走向正循环。

第二，媒体特别是媒体微博，微博、BBS、微信等"自媒体"的网站方，要为网络舆论把好关。

在东莞扫黄舆情中，一些都市报微博跟着起哄"东莞挺住"，起到了火上浇油的作用。凯迪社区网友"我从火星来"认为：即便放眼全球，色情业也是不为大多数国家所认同的。无论诉求多么多元，社会的核心价值和是非评判标准也应该是始终明确的，不能因为个人的情绪或者固有的偏见，导致是非不分、善恶不辨、美丑不明。

党管媒体，在报刊、广电等传统媒体中，形成了完整的管理流程。党和政府的意志如何有效传递到新媒体，传递给微博编辑、网站管理员和版主，如何增强这些体制外的网络"把关人"的政治意识、责任意识、大局意识，需要研究新情况，摸索新经验。像司法案件、医疗纠纷、民航事故这类舆论热点，专业性极强，媒体尤须谨慎自敛，不能成为少数"意见领袖"和网络民粹的尾巴，放大乖张逻辑和偏激言论。

在网络舆论一边倒的情况下，新闻媒体要让各利益相关方的意见都得到表达，为网上真伪莫辨的信息去伪存真，为网民剑走偏锋的情绪扶正抑偏。专业新闻媒体不能只是跟着"自媒体"的节拍起舞，还要学会主动设置议程，增强有效发声的能力。为此，传统媒体的新媒体部门和"自媒体"站方的从业人员，需要提高职业准入门槛。马航"失联"事件中，我们的一些媒体微博屡屡被一些境外"自媒体"上的谣言"中招"，对马来西亚方面马大哈式的信息发布提不出有力的质疑，只能一味煽情祈祷。而英美媒体却能利用飞机、发动机、海事卫星等民航核心技术信息，倒逼马来西亚政府一步步披露信息。

第三，政府要有包容"不同意见"的胸怀。

不要把网络知识分子视为异类或另类，有必要发展"网上统一战线"，努力做到求同存异，聚同化异。

今天包容"意见领袖"，从某种意义上就是敬畏民意。没有民众的意见，何来"意见领袖"？

反对网络暴力，既要制止"江湖暴力"，如网友言语不和便"微博约架"；也要化解"庙堂戾气"，遭遇突发事件和不中听的议论，随意删帖，禁言封号。互联网是中国社会的出气孔和减压阀。上网能减少上访，能减少上街，已成不少地方政府的共识。

习近平总书记2013年春节前邀请各民主党派、全国工商联和无党派人士座谈时，诚恳表示：对中国共产党而言，要容得下尖锐批评。

有能力反映群众心声、提出尖锐批评的，首先和主要是知识分子，特别是网上活跃的知识分子。在网上得风气之先的知识分子，要珍惜网络话语权，"多建睿智之言，多献务实之策"；另一方面，公权力对网络知识分子的态度，在某种程度上也是体现国家治理能力现代化程度的一项指标。

近年来，网上出现了一种时髦，就是妖魔化"公众知识分子"，挑拨知识分子与基层民众的关系。这种反智倾向有客观民意基础，提醒知识分子在互联网话语权走向均等化、大众化的文化平台上，反省自己的话语策略，深切地体谅公众的变革承受力和心理惯性，避免过强的智商优越感和道德洁癖；但另一方面，也不能听任、默许这种反智情绪，侵蚀作为现代化建设基石的尊重知识、尊重人才政策。

这关系到体制的弹性和张力。特别是在全面深化改革的复杂博弈中，推进决策开放，扩大政治吸纳，可增加决策选项和自我修复能力，从而也为转型期的社会震荡提高安全系数。

舆情监测、舆情应对、舆论引导，已成为国家治理能力创新的重要一环。希望2014年挤去网络舆论的泡沫，让激越者回归主流，让躁进者重拾从容。左右极端思潮都靠边站，社会认知向中线靠拢，做大做强主流舆论。唯愿为政者以大胸怀、大格局体恤民情，包容民议，化解民怨，实现官民之间、社会各阶层之间的顺畅沟通和良性互动，推进社会协同治理。民意不可违，民心可敬，民气可用。

美国的治霾经验与"大气十条"

于卿婵
全球环境研究所能源与气候变化项目官员

Zach Friedman
美国气候战略中心专家

伴随中国经济的高速发展与城镇化进程，化石能源的消耗逐年增加，空气质量下降、雾霾污染严重等诸多环境问题近年来频繁发生。鉴于2013年1月以来中国又出现长时间雾霾天气，国务院于2013年9月出台了《大气污染防治行动计划》（下文简称"大气十条"），明确提出：到2017年，全国地级及以上城市可吸入颗粒物浓度比2012年下降10%以上；京津冀、长三角、珠三角等区域细颗粒物（PM2.5）浓度分别下降25%、20%、15%左右；逐步改善全国空气质量等。

这一条例被称为"最严大气污染治理措施"，将从治理现存污染、预防污染加剧和保障目标实现三个角度对大气污染实施全面管理。因此，认真分析和解读"大气十条"的特点、认清实施中的挑战、结合国际经验探索应对方案，对于切实执行"大气十条"、加强空气质量管理至关重要。

"大气十条"的主要特点

为保障空气质量目标的实现，"大气十条"提出了加大综合治理力度、调整优化产业结构、加快企业技术改造、调整能源结构、完善环境经济政策、建立区域协作机制、将环境质量改善纳入官员考核体系等35项措施。总体来看，上述措施具有如下特点：

首先，"污染物减排"措施覆盖范围广，既涉及工业领域的点源排放，又包含建筑、交通等领域的面源和移动源污染控制。对于机动车污染源的管理，又涉及车辆、燃油品质和道路管理三方面，污染控制措施非常全面。已有研究表明，对中国PM2.5排放源的管理要综合考虑机动车、工业和电厂等；在京津冀地区，机动车排放和道路扬尘占排放总量的比例约为50%，工业排放占比约为35%。"大气十条"的防控措施分别从静止源、移动源和面源排放三方面着手，符合空气质量管理的原则。

其次，污染控制措施结合了现阶段的经济发展目标与需求，将产业结构和能源结构优化列为重中之重。"大气十条"明确提出，到2017年，煤炭占能源消费总量比重降低到65%以下，非化石能源消费比重提高到13%，这些实质上是对各级政府"十二五"规划及各专项规划所提目标的强化。而且，控制煤炭消费总量、淘汰落后产能、优化能源结构等污染防控措施与各级政府实现能源强度和碳强度目标的措施相辅相成。"大气十条"与已有目标和政策的一致性，有利于各级政府部门切实贯彻具体防控措施。

再次，强制性的行政手段与市场机制并重，环保准入标准、污染物总量控制等措施将被更为严格地执行，同时，节能环保的财税优惠政策也将得到进一步落实。对于财税政策，既有支持企业开展生产转型的扶持政策，又有针对消费者采取的鼓励购买新能源汽车的补贴等措施，同时从生产端和消费端使用市场化的管理手段。整体而言，"大气十条"还是倾向于各级政府部门擅长的行政手段，以保障减排目标的实现。

最后，通盘考虑空气质量改善目标与地区经济发展目标，将PM10、PM2.5指标通过任务分解纳入了对各级官员的政绩考核体系。这对于促进地方政府实施环境管理和形成经济发展决策等至关重要。中国尚处于工业化初期，协调环境保护与经济发展之间的矛盾仍是长期挑战，而中国省市级领导的任职期限却相对较短，因此，政绩考核机制一定程度上可遏制地方以牺牲环境为代价追求经济增长的势头，获得经济持续发展的长期收益。

实施"大气十条"面临的挑战

从上述特点来看，"大气十条"有明确的污染控制目标，相关措施涵盖了社会经济领域的各个方面。但是，能否切实贯彻这35项具体措施，是实现目标的关键。"大气十条"在实施过程中，尚有一些挑战需要应对。

首先，大气污染控制目标是按照区域划分的，而京津冀、长三角和珠三角等都是跨越了行政上的管辖领域，这要求区域内的城市之间要紧密合作，政策实施过程中要相互配合，要建立有效的污染联控机制，制定合理的区域规划。而且，"大气十条"涉及环保、工业、交通、建筑等多个职能部门，在实施过程中，一个城市内各部门是否存在职能上的交叉、如何实现污染防控信息（如监测数据）的共享等，都是各级政府亟待考虑与解决的问题。

其次，"大气十条"类似一个"大气污染防治的五年规划（2013年—2017年）"，包含明确的减排目标和各项措施。为确保最终目标的实现，在政策执行过程中或者中期（如2015年），如何评估前一阶段政策的实施效果、检验已有政策的有效性、判断是否需要调整污染控制措施，都是不小的挑战。如果缺乏及时的评估，就很难发现政策设计与实施阶段的偏差，无法调整不适宜的措施，为最终目标的实现增加难度。

最后，"大气十条"中的部分措施，如要求完成燃煤电厂的污染治理设施建设与改造、重点行业脱硫脱硝及除尘设备改造等，都与各种污染防治技术密切相关。因此，政府各职能部门如何选择有效且经济适用的污染治理技术、如何采取市场机制与行政手段并用的方式推广这些环保技术，也是实现污染控制目标面临的一大挑战。

美国区域雾霾管理的历程与特点

现代环境问题是工业化的产物，在某种意义上说，现代意义上的环境保护起源于西方。发达国家大多是在20世纪60年代开始出现了严重的环境问题，并随着环境问题的发展而不断改革、完善其环境保护政策。因此，研究和总结发达国家在不同时期处理环境问题时所做出的相应政策安排，有利于发展中国家借鉴其经验教训，并更为清晰地认识环境保护政策与管理体制的发展方向。

为了达到《清洁空气法》的要求，改善雾霾天气，美国环保署（EPA）于1999年4月颁布了区域雾霾管理条例（Regional Haze Rule），旨在改善全国范围内156个国家公园等公共区域的空气能见度，控制的污染物包括PM2.5以及会形成PM2.5的复合物。该条例要求各州在2008年1月之前要制定阶段性的减排目标和切实可行的"实施方案"。

2005年7月，EPA对上述雾霾管理条例做了修订和补充，要求各州运用"最佳可获得的改型技术（Best Available Retrofit Technology，BART）"对电厂和工业污染源实行排放控制，以改善由这些污染源造成的雾霾天气。BART控制措施的特点是可以同时分析、评估多个污染源的影响，而非仅针对单一或分割的污染源，因为雾霾问题通常是由某个地域内的多个污染源造成的。根据管理条例中新增加的BART要求，建于1962年8月至1977年8月之间、各种排放累加超过一定限额的静态污染源都被纳入管理控制范围。针对BART范围内的污染源实施防控的过程包括：一、识别符合BART要求的排放源；二、针对每个排放源甄别出会导致雾霾天气的主要污染物；三、根据每个污染源的污染物排放特点，制定基于污染源的减排目标和措施。

2006年10月，美国EPA又颁布了可供选择的排放交易项目，以此赋予各州政府更大的灵活性来管理属于BART范围内的排放源，即通过交易方式来完成各州内污染物总量控制目标。2012年5月，EPA在"跨州空气污染管理条例"中也增加了排放交易项目，作为各州实施基于污染源的BART管理的一个替代选择。纳入该管理条例的各州，针对电厂的二氧化硫、氮氧化物等排放，可通过交易项目来实现各排放源的减排。

除了全国性的空气质量管理外，美国各州也颁布了很多措施来应对区域性的空气问题。例如，加州的空气质量管理一直领先于美国其他各州和联邦政府。加州南海岸空气质量管理局（AQMD）在治理南加州地区空气污染，尤其在控制来自静态污染源排放的大气污染物方面非常成功。其环境政策的目标会综合考虑各种污染物的控制，相关政策包括促进低碳燃料技术的推广与应用、促进可再生能源发展、鼓励新能源汽车应用等。AQMD与州内各城市、县级政府环保部门密切合作，提供必要的技术支持，协助地方政府在其绿色发展方案中制定切实可行的空气质量管理政策。AQMD的职责包括：空气质量监测与检验、规划/标准制定、空气质量管理政策的经济与社会影响评估分析、排污收费等。在政策制定过程中，AQMD注重量化分析，运用模型工具开展空气质量对于居民健康影响方面的分析与评估，为科学地制定政策提供依据。

美国区域雾霾管理的做法及借鉴价值

第一，美国雾霾管理条例既包含具体的污染控制目标，又有实现这些目标的详细的政策措施，每一项条款都界定清晰，可操作性很强。例如，对于BART要求，条例将所有技术归为26大类，各项主要指标都列示得非常清楚。相比之下，"大气十条"更多是纲领性、方向性的政策。在实际工作中，国家环保部或相关部门应当监督各地区制定出符合地域特点的实施细则，并向全社会公开，以保障目标的实现。

第二，美国EPA在实施区域雾霾管理中注重数据监测、定量化分析和效果评估。例如，EPA曾要求各州于2008年1月前制定切实可行的雾霾管理实施方案。2009年1月，EPA对各州的方案和初步成效做了系统性核查，对于在规定期限内未能完成方案的各州给予强制性管理，并提供各种技术支持。而且，在实施BART排放控制过程中，EPA重视监测数据，运用综合规划模型对电力行业针对二氧化硫和氮氧化物的污染控制政策做了定量化分析，及时评估政策效果。

中国在实施"大气十条"过程中也应重视定量化的分析与效果评价，衡量是否实现了预期的政策目标；而且，在实施环节也要有定期的信息反馈，以修订不符合发展现状的政策。例如，建立污染源排放清单，定量分析大气污染物排放的地域和部门特征，研究产生PM2.5的排放源，掌握各类污染排放源的贡献比例。同时，加强新排放源研究评估，如燃油含硫量偏高、餐饮烟气排放挥发性有机化合物等都对PM2.5有不可忽略的"贡献"，需要加强监测和评估，确定源头后才能制定应对措施，取得事半功倍的效果。

第三，强制性标准和经济激励措施并用，是现阶段美国环境政策的重要特征。美国EPA基于《清洁空气法》于1999年提出了区域雾霾管理条例，于2005年提出了利用排放交易项目来配合BART排放控制措施，应用灵活、多样化的手段来改善空气质量。可以看出，美国的环境保护政策经历了由强制性措施逐步转向由市场手段和行政措施并用的历程。鉴于污染防治问题的复杂性，中国在实施空气质量管理时要因地制宜，在市场化程度高的地区可探索施行污染联控政策，以达到区域减排目标。

第四，美国EPA在政策制定和实施中重视公众意见和企业的参与度。在制定BART标准（即排放源覆盖范围）时，EPA先后举行了两次大规模听证会来吸纳公众建议。一些州政府部门还为企业提供免费的能耗审计与能效提高方案。虽然中美在决策机制上存在差异，但利益相关方参与的重要性毋庸置疑，而且被越来越多的中国官员和专家所认可。因此，设计为国内企业、公众所接受的参与渠道尤为重要。例如，政府利用监测与核查数据，为企业提供污染减排和技术改造方案，并视情况提供资金支持，改变以往政府环保部门与企业对立的局面，使政府、企业、公众之间形成合力，寻求共赢策略，来改善空气质量。

第五，美国EPA注重各州之间的协调管理，以解决跨州的区域空气污染问题。以氮氧化物管理为例，处于下风向的州可以向联邦EPA提出管理要求，EPA将据此针对处于上风向的各州制定污染物排放限额和浓度标准，以改善区域环境质量。"大气十条"中提出了要建立区域协作机制，该措施应进一步细化，首先建立有效的对话与协商机制，制定和实施污染联控政策，以达到区域的减排目标。

综上所述，美国区域雾霾管理的经验对于中国空气质量管理具有借鉴意义。与此同时，我们更要结合国情来设计、实施和改进污染防控政策，在保障经济持续发展的同时，逐步改善空气质量，探索出一条经济与环境共赢的道路。

第五篇
社会聚焦

存款保险制度：构筑国家金融稳定基石

陆　磊
广东金融学院院长

党的十八届三中全会以来，我国金融体制改革进入攻坚阶段，存款保险制度是其中重要一环。在金融宏观调控体制层面，随着利率市场化和汇率形成机制改革向纵深推进，金融业在拥有更大自主定价权的同时势必面临更复杂的经营环境；金融行业层面，随着混合所有制在金融领域的持续推进，民间资本、互联网金融和小额贷款机构等新型金融业态在提升金融业竞争活力的同时也带来了风险。有序推进金融改革的前提是金融稳定，旨在保障存款人权益、及时防范和化解金融风险、营造更为公平的竞争环境的存款保险制度，是金融稳定的基石。

构成国家基础性金融制度

金融的表象是资金融通，内核是风险管理。从最近30年全球发展实践看，金融稳定往往是各国经济增长和社会稳定的重要保障。1997年亚洲金融危机和2008年全球金融危机证明，在金融危机的冲击面前，拥有较为完善的金融安全网的国家往往具有更快的危机管理响应能力、更高的社会承受力和更强的经济修复能力。其中，中央银行最后贷款人、审慎监管、存款保险制度是公认的金融安全网三大支柱。始于1984年的我国金融改革，在建立和完善中央银行制度、金融监管制度上取得了辉煌成就，但由于长期缺乏存款保险制度这一关键环节，金融改革与发展始终面临较大隐患。

一是存款保险制度通过对存款人的保护，确立更为公平的中央银行—商业银行成本分担机制。长期以来，我国以中央银行最后贷款人职能替代存款保险制度，以解决金融稳定问题。20世纪90年代的地方金融体系风险化解、国有银行不良资产剥离，以及21世纪初农村信用社历史包袱解决和银行与非银行金融机构重组，均采取这一手段。尽管看起来卓有成效，但在制度上构成了不公平的中央银行与商业性金融机构成本分担机制——中央银行最后贷款实际上增加了货币发行，使全体公众以缴纳通货膨胀税的方式隐性分担了某一家或某一些金融机构的损失。相反，存款保险制度则是一种权责对称的制度设计，金融机构通过缴纳存款保险，对自身经营行为所构成的风险和损失负责，改变了全民埋单的不公平性。

二是存款保险制度确立了不同规模银行更为平等的竞争环境。金融市场需要竞争，竞争需要多元化、多层次的金融机构体系。第一，由于缺乏存款保险制度，社会公众为确保自身权益不受单个机构的风险冲击，一般会采取把存款主要存放于大中型商业银行的做法。这一公共选择，导致中国银行业自发形成了中小银行资源不足、大银行日益臃肿的局面。第二，由于缺乏存款保险制度，国家金融宏观调控部门和监管当局为维护金融稳定，往往只能采取监管保护，银行因为缺乏关闭威胁，机构稳定性实际上凌驾于金融消费者服务之上。第三，由于缺乏存款保险制度，为了自身生存，做大而非做强、脱离社区多建分行、争取进入"大而不倒"俱乐部成为各家银行的一致选择。因此，我国长期缺乏能够真正服务社区、以支农支小为主业的银行体系。存款保险制度的优势就在于，使公众愿意把存款资源放在中小银行；使监管部门行为从保护金融机构切实转变为保护金融消费者；使中小银行安心于为中小微型经济主体提供金融服务。

三是存款保险制度确立了以人为本的金融稳定激励机制。无论中央银行最后贷款人职能还是监管当局的审慎监管职能，均通过立足于金融机构持续经营以保障存款人权益，属于"间接"保障；而存款保险制度则是直接立足于存款人权益保障，对金融机构稳健经营构成激励。一方面，存款保险制度使存款人可以通过保费费率清晰了解存款类金融机构的风险状况，以自身存款资金在不同机构间的配置实现对金融机构稳健经营的激励；另一方面，存款保险制度消除了存款人对过度监管保护的内在诉求掣肘，避免了存款人被存款类金融机构当作"人质"，存款类金融机构持续要求国家对自身经营责任承担保障的道德风险，使金融业实现优胜劣汰成为可能。

支撑其他重大金融改革

相当长时间以来，由于缺乏存款保险制度，一些重大金融体制改革举措处于举步维艰的状态。

第一，存款保险制度是利率市场改革的必要前提。利率市场化是发挥市场在金融资源配置中的决定性作用的关键性改革，有利于推进金融机构在竞争性市场中的自主定价权，实现资金流向和配置的不断优化，进一步确立和健全金融宏观调控体系。但是，如果缺乏存款保险，在利率市场背景下，一些银行的外部约束力明显不足，乐于开展"高风险、高收益"业务，在存款上高息揽储、在贷款上肆意压价，赚了归自己、亏了归国家的状态势必无法扭转。过去一段时间"影子银行"膨胀、高成本理财蜂起，引致近期部分银行不良资产双升、自身流动性紧张，即是明证。只有存款保险制度才能降低金融机构对国家信用的依赖，使金融机构真正成为自主经营、自负盈亏、自担风险、自我发展的理性经济主体，进而夯实利率市场化改革的微观基础。

第二，存款保险制度是民间资本进入金融业的必要前提。金融业实行混合所有制改革的一个基本发展方向，就是民间资本进入金融业，并最终形成我国服务小微、服务大众的社区银行体系。但是，由于缺乏存款保险制度，金融业一旦准入则难以退出，事实上存在的极高的准入门槛限制，制约着多层次、广覆盖的金融体系发育和完善。存款保险制度针对不同规模和质量的银行实施差别费率，采取提前介入和及时纠正机制，可以化解区域性、局部性金融风险对经济和社会稳定的冲击，有利于改变单一依赖大中型银行在基层设置分支行、貌似"普惠"实则成为基层金融资源抽水机的局面，有利于促进更多民间资本在存款人得到适度保护的前提下低门槛进入金融业，最终实现丰富基层金融服务与供给的战略目标。

第三，存款保险制度是银行破产制度建设的必要前提。时至今日，我国银行业仍然是各行各业中罕有的缺乏破产制度安排的"特殊"企业。一方面，银行业吸收公众存款，自有资本比重低，其破产及由此引起的按清产核资偿付债权人的情况势必引发社会不稳定；另一方面，银行同业间存在高度复杂的债权债务关系，因此，单个银行若破产将引致系统性金融不稳定。因此，国家对金融业的"刚性兑付"长期存在，一些于20世纪90年代关闭的金融机构至今仍未完成债务偿还，挂账经年累月。唯有确立存款保险制度，方可推动银行破产制度，这是各国的宝贵经验，也是我国金融安全网建设长期探索后得出的共识。

第四，存款保险制度是加快多层次金融市场建设的前提。创新是金融业发展的永恒主题。随着信息技术和金融工程技术发展，互联网跨界金融、资产管理、影子银行在我国迅速崛起。各类金融市场竞相发展、相互融合的同时，也伴随着不同类别、不同表现形式的金融风险。但是，在不引致全局性、系统性金融风险的前提下，我国是鼓励创新的。在金融创新的过程中，如何对最原始、最基础的金融债权实施合理有效的保护，是构建正向激励机制的制度前提。只有公众最基本的金融资产储蓄存款得到有效保障，才可能激励公众避免参与风险过度的金融创新，也才有可能在全局性、系统性风险可控的前提下鼓励金融机构实施适度创新。

在发展实践中不断优化

任何制度的建设都是动态的、不断优化的，我国的存款保险制度也势必从初创走向不断完善。作为金融稳定的基础性制度、作为一系列重大金融改革的重要前提，存款保险制度的建设将在实践中坚持以下几条基本原则。

一是差别费率动态调整原则。存款保险根据对银行安全性、流动性和自我风险覆盖能力的定量评估，实施风险差别费率，还将根据银行风险和兑付能力的演变实施动态调整。这样可对银行经营实现"奖优罚劣"，客观上构筑起针对银行盲目扩张资产和冒险经营的有效约束。

二是保护额度的动态调整原则。存款保险的国际公认准则，是向90%以上的存款人提供全额保护。根据统计，我国设定50万元全额偿付限额，实际上是为99.6%的居民和企业存款人提供了100%的存款保护，相当于2013年人均GDP的12倍。存款保险限额也将根据国民经济、金融发展水平、居民和企业存款水平的变化适时动态调整，以确保存款保障水平合理适度。

三是对问题银行动态监测和重组原则。就像保险公司与被保险人的关系一样，存款保险一旦确立，即成为存款类金融机构的利益相关体。存款类金融机构的任何负面信息、行为和经营绩效，都有可能演化为保险赔付。因此，存款保险具有对存款类金融机构实施定期"体检"、收购与承接、在线修复等市场化专业化处置工具功能，通过规范手段促成运营良好的银行收购问题银行资产、承接其存款，确保经营不关门、关键服务不中断，有利于有效降低处置成本，缩短处置时间。可以说，存款保险是公众的第三只眼，会起到持续跟踪银行经营的作用。

高房价还能维持多久

李海辉

经济研究学者

2014年以来，中国房地产市场进入自主调整期，房地产供给和销售同比增速持续下降，房地产交易量持续萎缩。截至2014年9月末，中国完成房地产开发投资累计为6.9万亿元，同比增长12.5%，比上年同期下降7.2个百分点。房屋新开工面积累计为13.1亿平方米，同比下降9.3%，其中，住宅新开工面积累计为9.2亿平方米，同比下降13.5%。中国商品房销售面积累计为7.7亿平方米，同比下降8.6%，其中，商品住宅销售面积为6.8亿平方米，同比下降10.3%。在房地产供销持续走低的情况下，2014年10月百城样本住宅平均房价为10,629元/平方米，百城房价指数连续6个月环比负增长，同比指数首现下降0.52%。

长期拐点VS短期拐点

房地产市场遭遇"寒流",关于房价的争论却"热潮"不断。中国房地产市场是长期调整还是短期调整?大家争论不休,莫衷一是。有人认为中国房地产更像美国房地产市场,尽管经历了大萧条和第二次世界大战时期的两次调整,但美国房价长期保持了持续上涨的态势。他们认为中国房地产市场也将像美国一样,此次调整是阶段性的,长期还将保持上涨势头。有人认为中国房地产市场更像日本,日本房价自20世纪90年代初进入下降通道,历经二十余年,即使时至今日在安倍经济学的宽松货币政策支持下,仍没有看到复苏的曙光。他们推断中国房地产市场和日本一样,这次调整是长期的拐点,在很长一段时间内很难再现上涨。

中国房地产市场到底更像美国还是日本呢?是面临历史性拐点还是短期拐点呢?

我们认为中国房地产市场的主要特征更像日本,但和当时的日本也有若干不同之处,并且中国正处在网络经济新时代。如果能激发新经济增长范式的潜能,能彻底进行经济体制改革,理性看中国房地产市场至少可以平稳发展十余年。如果没有抓住发展机遇,即使政策托市,中国房地产市场至多能撑两年,进入长期拐点不可避免。为什么这么认为呢?

首先比较中日两国的经济特征和市场情况的相似点:

一是经济增速变化和当年日本如出一辙。房地产是国民经济的支柱产业,房地产市场不仅是拉动经济增长的重要力量,其繁荣和发展也高度依赖于经济发展。美国经济除了大萧条期间即1930年至1933年出现连续负增长外,即使在第二次世界大战和这次危机期间,也只是个别年份略现微萎缩情况。美国经济增速长期保持在3%~5%之间,这为房地产市场的稳步上涨奠定了坚实的经济基础。日本经济在第二次世界大战后保持了三十余年的高速增长,增速长期保持在10%以上,但是进入20世纪80年代特别是1985年以后，日本经济名义增速骤降至8%以内，1990年房地产泡沫破灭后，日本经济增速更进一步下降到5%以下。改革开放三十余年来，中国经济增速长期保持11%以上的增速，但是2011年以来中国经济增长速度下降到10%以内，进入2014年进一步下降到7.5%以内，第三季度经济增速仅有7.3%，创下危机以来的新低。这样的经济新常态能不能支持高高的房价呢？值得深思。

二是人口变化情况和日本当年极为相似。人口是住房需求的主体，持续的增长和汹涌的活力是房地产市场繁荣的基本保障。由于美国是开放型经济体，每年吸引着大量的国际高素质年轻人才流入美国，特别是20世纪90年代以来，国际人才流入成为美国保持经济活力和发展的重要条件之一。截至目前，美国人口的平均年龄仅为36岁左右，比我国人口的平均年龄还年轻2岁左右。反观日本，1985年日本65岁以上老人占比超过10%，1990年更是接近12%。在房地产泡沫破灭前夕，日本人口的平均年龄超过40岁。2013年中国人口平均年龄接近38岁，65岁以上老龄人口占比接近10%。中国老龄化社会将很快到来，和日本20世纪80年代末期极为相像。更糟的是，中国经济增长不仅没能带来大量的国际高素质人才的流入，一些高素质富裕人才的流出却在加速。这是不是和日本当年极为相像？

三是中日两国货币供给增速快速回落难支持高房价。作为国际本位货币的美元，除了1992年至1994年不足2%的增长率外，近30年美国货币供给量基本保持了4%~8%的增长。对比日本，20世纪80年代之前，日本货币供给量持续在14%以上的增速，80年代回落到8%~11%之间。房地产泡沫破灭后，日本广义货币供给迅速下降到3%~4%之间，进入21世纪基本保持零增长，即使安倍经济学出台以后，货币增速起色也不大，2013年也没有超过4%。

2003年至2012年中国货币供给量（M2）总涨幅4.40倍，年均增长18.3%。而2004年至2012年全国二手房平均交易价格年均涨幅为18.9%，货币供给量涨幅和房地产价格上涨水平基本相同。这不难理解，新货币主义大师弗里德曼论述指出：任何通货膨胀都是一种货币现象。货币增长的最终流向不外乎商品服务交易市场、资产市场以及货币窖藏。假设流向这些市场的增幅相同，那么房价涨幅也应相近。回头再看，2014年三季度广义货币增幅比前十年的平均增幅低近7个百分点。这一比较不难看出，中国的货币流动性正在逐步紧缩，高高的房地产价格还能hold住吗？

四是快速拉升的高房价必然调整。任何商品脱离不了价值规律的作用，脱离实体经济的房价迟早回归。2000年以前，美国房价没有出现直线拉升的情况，表现为美国房价长期平稳上涨。进入21世纪的美国房地产直线拉升，最终也成为国际金融危机的导火索。日本房地产经历了三十多年的繁荣，特别是20世纪80年代以后，日本房价更是高位上涨，最终在1990年转入长期拐点。中国特别是北京、上海、深圳等城市的房价10年上涨逼近10倍，目前已经赶英超美，当前调整也势在必行。是不是长期拐点呢？结合前面指标看，基本可以这样断定。

不同的是，中国城镇化率远没有达到当年日本的程度。城市房价是房地产市场的主要观测指标，城镇化进程是决定房地产市场繁荣发展的一个主要因素。除个别时期，美国城镇化基本保持了平稳的城镇化速度，没有大起大落。截至今日，在长达一百多年的城镇化进程中，平均城镇化速度约为0.3%。1970年美国城镇化率达到74%，之后出现了一轮逆城镇化过程。日本房地产泡沫开始破灭之时，1990年城镇化率为77%。2013年末中国城镇化约为54%，简单看离美日房地产调整的城镇化率尚有20个百分点的差距。按目前的城镇化速度计算，我国房地产至少还有10年到15年的发展空间。也应当看到，中国城镇化进程严重滞后于经济发展，要实现这一发展空间并不容易。

历史经验表明：城镇化的基本动力是工业化，城镇化发展到一定程度将转变为高端服务业。据有关专家研究，2014年中国工业化率将达到75%，这表明中国已经进入后工业化时期。以此推算，中国城镇化率至少应达到70%以上，这就和当时日本的城镇化率不相上下了。这说明中国城镇化进程被工业化和经济发展远远地甩在了后面。在城镇化主要推动力衰竭的情况下，房地产需求还会被激发出来吗？

所幸的是，中国正处在网络经济新时代，经济增长范式正在发生颠覆性变革。如果能抓住新经济时代的主题和机遇，激发新经济增长范式的潜能，那么中国房地产市场至少可以平稳发展十余年。如果不能抓住历史机遇，即使政策托市，房地产市场至能多撑两年，进入长期拐点不可避免。

政策"托市"效果几何？

在一片寒意中，开发商寄希望于政府托市。而网络新闻爆出：对房价可能的下跌，地方政府比开发商还急。2014年4月28日南宁市房管局正式发文称，自2014年4月25日起，广西北部湾经济区内的北海、防城港、钦州、玉林、崇左市户籍居民家庭可参照南宁市户籍居民家庭政策在南宁市购房。这被媒体戏称为：南宁楼市打响了政府救市第一枪。根据随后的报道，便有铜陵、无锡、杭州等共10个城市接连传出政策松动消息，被业内视为地方政府楼市调控的"救市"之举。

在第一波地方政府没有起到任何效果的情况下，2014年9月30日中国人民银行和中国银监会出手，联合出台《关于进一步做好住房金融服务工作的通知》。业内人士指出，放松首套房认定标准和解禁三套房贷款是该文件的最大亮点，此次对房贷的松绑程度已超过预期，将大大刺激改善型需求。目前网络媒体传出，如果房地产市场继续低迷，接下来的托市政策将是降低住房交易的营业税。如何看待这些救市之举呢？

直截了当地回答：在抑制房价时，这些政策没有起到抑制作用，仅仅是延缓了房价的上涨，甚至在某些时刻起到了反向激励的作用。

那么在救市过程中，这些政策同样托不住高房价，初期可以起到延缓的作用，后期同样会产生反向激励作用。有人可能会问，为什么2008年的4万亿元投资刺激政策托起了房价呢？在4万亿元投资的作用下，刚刚回调的房价在2009年又开始扶摇直上，货币和房价双双起飞。截至2013年末广义货币供给量（M2）比2007年末增加1倍余，而全国同质房价涨幅亦接近1倍。这次难道不会达到同样的效果吗？

政府"托市"是需要货币条件支持的，我们可以比较一下2014年和2008年的货币条件：一方面，当前人民币兑美元汇率趋向均衡，外汇资金流入的套利条件不复存在。2008年年初，人民币对美元汇率为7.38:1，人民币升值空间远未结束。2014年以来人民币兑美元汇率已经最高升值为6.05左右，之后开始快速大幅贬值，最低曾贬值到6.25左右，目前略有升值，维持在6.15左右。

另一方面，货币规模空前膨胀，几乎没有了注水空间。2008年初，中国广义货币供给为40.3万亿元，以当期汇率折算仅相当于5.46万亿美元，相当于美国当期广义货币的73%。截至2014年三季度末，中国广义货币供给已经达到120万亿元人民币，相当于19.5万亿美元，比美国的广义货币供给高出70%多。即使考虑广义货币内涵不同，可比性较差。仅从增长率看，六年间人民币增长200%，美元仅不到50%。

这一比较即可看出，现在政府"托市"的货币条件已经今非昔比。融入了国际环境，自然会受到国际因素的制约。中国人民币供给已经进入强约束阶段，按照官方的说法人民币兑美元汇率已经趋于相对均衡。同时人民币广义货币总规模已经将美国远远地甩在了后面，我们还能将其甩得更远吗？当然可以，不过其代价必然是人民币贬值。人民币长期贬值将导致外汇流出，外汇长期流出必然会带来基础货币的收缩，广义货币供给也将随之以货币乘数的方式收缩。

另外，美国定量宽松货币政策已经退出，国际本位货币的"收水"造成了国际资金大规模撤出新兴国家，许多新兴国家货币大幅贬值、股票市场持续跳水。尽管中国跨境资金总体仍呈现流入态势，只在近两个月转为弱流出状态，但是如果流动性仍保持高速增长，跨境资金将会加快套利性流出的步伐，流动性偏紧的冲击将不断加剧。当潮水退去，裸游的终究会显示出来。没有了货币的支撑，房价还能挺得住吗？难！

不仅如此，中国经济活力也有所下降。近年中国经济增速出现明显下滑，2011年至2013年增速分别9.2%、7.8%、7.7%，预计2014年保7.5%的增长率将十分艰难。经济结构升级转型压力不断加大，淘汰落后或过剩产能等不良资产将会加速增加。央行2014年前三季度金融数据统计报告显示：截至9月末，中国广义货币（M2）余额120.21万亿元，同比增长12.9%，比去年末低0.7个百分点；狭义货币（M1）余额32.72万亿元，同比增长4.8%，增速分别比上月末和去年末低0.9个和4.5个百分点；流通中货币（M0）余额5.88万亿元，同比增长4.2%。如果说广义货币供给增速还能勉强支持当前房价的话，那么狭义的货币增速已经明确显示，中国经济活力真正在快速下降，房地产交易萎缩顺理成章。

首套住房贷款利率最低7折优惠的政策已经出台，但目前住房贷款利率明显已经低于其他贷款利率，商业银行执行住房贷款利率下浮7折的可能性不大。截至2014年6月末，人民币贷款加权平均利率为6.96%，比上年末下降0.24个百分点。其中，一般贷款加权平均利率为7.26%，比上年末上升0.12个百分点；个人住房贷款加权平均利率为6.93%，比上年末上升0.4个百分点。如果住房贷款利率7折优惠，住房贷款利率将不足5%。通常而言，银行将优先满足利率较高的贷款需求，优惠利率对住房贷款的挤出效应将更为明显。由于税费等原因，中国二手房的交易成本至少在10%以上，房地产开发的资金成本也至少在10%左右，总体看来房地产价格涨幅在10%以内，新投资房地产基本上无利可图。而在今后房地产价格涨幅平均10%以上涨幅几乎没有可能，可见房价回归是一种必然。

改革时间仍在，但相当紧迫

并不是说"托市"一点效果也没有，它可以延缓中国房地产的萎缩态势，给我们的改革留出时间。我不像"牛刀们"那么悲观，他们认为"人民币变废纸，房价将崩盘"。其原因在于：

一是短期内流动性全面逆转可能性不大。这不仅在于中国存款准备金率处于高位，足以应付银行体系的流动性变化；也在于中国外汇储备充裕，人民币大幅贬值动力不足，大规模资本外流情况可能性不大。即使外汇资金净流出加快，央行腾挪的空间也比较大，可以空间换时间。

二是购房预期还没有完全逆转。2014年前三季度信贷投向报告显示：三季度末，人民币房地产贷款余额为16.74万亿元，同比增长18.2%；比年初增加2.11万亿元，同比多增2130亿元。其中，个人购房贷款余额11.12万亿元，同比增长17.5%；比年初增加1.33万亿元，同比少增400亿元。这样看来"房贷需求依然不弱"，这说明购房预期还没有完全逆转。部分城市的萎缩尚没有影响到全国房地产市场，或者说政策托市行为可能在一定时间内激起观望者的购房欲望，"子弹仍在飞"。

三是经济改革仍在如火如荼地推进，新型城镇化仍有一定的住房吸纳能力。这表明中国房地产市场尚有一定的缓冲，同时为中国实施经济改革留有了相当的空间和时间。但是不是很长，用"时不我待"来形容并不为过。新型城镇化也在如期推进，年均1%的城镇化率，大约可以消化500万套的商品住房供给和500万套的保障住房，但是新居民的购房能力已大大降低。

但是大海终究要退潮，房价已经高处不胜寒！应对得当，房价将理性回归；应对失当，"牛刀们"的预言也可能成"真"。关键在于能不能充分利用留给我们的时间和空间，加快推进体制机制改革，找到新的经济增长点，保持经济良性发展。

短期资本流动与中国货币政策

张　明

中国社会科学院世界经济与政治研究所国际投资室主任、副研究员

　　非常荣幸有这样一个机会来跟大家分享一下我对当前中国货币政策与跨境资本流动的一些看法。

　　当前对货币政策的讨论很多，市场对此非常纠结。我觉得之所以这么纠结，可能是因为当前的讨论把货币政策的三个维度给混淆了。

　　当前中国面临货币政策三个方面的变化。

　　第一个变化是，随着利率市场化的推进，特别是影子银行的发展，将货币数量作为货币政策中间目标变得越来越困难，因此我们需要从以数量调控为主的货币政策框架转向为以价格调控为主的货币政策框架。这意味着要做如下两件事情：一是要尽早选定基准利率；二是要大力发展包括国债市场在内的各种债券市场，从而形成一条既能反映市场流动性松紧程度又能反映市场风险溢价的收益率曲线。

　　第二个变化是，要在外汇占款渠道之外，找到一条

新的能够稳定发放基础货币的新渠道。过去的十多年，我们主要是靠资本流入导致的外汇储备上升（也即外汇占款）来发放基础货币。然而随着国内外环境的变化，中国面临的资本流入变得不再稳定，这就意味着央行难以继续依赖外汇占款渠道来投放基础货币，从而亟须寻找一个新的基础货币发放机制。近期央行关于MLF或PCL的尝试，似乎也是寻找新的中期内流动性供给机制的努力，但定向宽松政策是否是适宜的基础货币发放方式，仍然值得讨论。

第三个变化是，在当前的宏观经济环境下，是否需要进一步放松货币政策，例如是否需要全面降息或降准。

我觉得当前市场纠结的原因之一，是把上面三个变化相互混淆了，而央行当前的货币政策操作也存在一定的模糊性。例如，定向宽松政策究竟是常规的放松货币，还是试图寻找一个发放基础货币的新机制，抑或是将在新的货币政策框架中扮演什么角色。我觉得央行有可能还没有把这个问题想得很清楚。

讨论货币政策有很多方式。我今天的演讲分为两部分。在前半段，我想讲一下短期资本流动的变化给央行基础货币发放机制造成的新挑战；在后半段，我想讲一下未来一段时期内常规货币政策操作何去何从。换言之，我讨论的是上述第二个和第三个问题。

自1999年以来的十多年时间里，中国的国际收支出现了持续双顺差。为了防止人民币兑美元快速升值，央行进行的外汇市场干预导致外汇占款不断增加。为了防止外汇占款增加导致通货膨胀与资产价格泡沫，央行进行了大量的冲销。在前半段，央行主要通过发行央票来冲销。但随着央票利率的上行，通过央行进行冲销的成本显著上升，央行转为通过提高法定存款准备金率来进行冲销，这正是当前大型存款类金融机构的法定存准率高达20%的主要原因。这样一个通过央行冲销来保证基础货币稳定发放的机制，在2012年欧债危机深化之后发生了转变。

自全球金融危机爆发以后，资本与金融账户顺差逐渐取代经常账户顺差，成为中国外汇储备增长的主要来源。2012年，中国自1998年以来首次出现资本与金融账户逆差。众所周知，资本流动的稳定性远低于国际贸易，因此，自全球金融危机以来，中国的国际收支开始变得越来越不稳定。

从金融账户的构成来看，以债权性资金为代表的其他投资的波动性，显著高于证券投资与直接投资。而在其他投资中，最近两年来货币与存款项的流出变得越来越显著，这其中或许体现了中国私人部门通过在境外配置资产来提高收益率或者规避中国经济系统性风险的努力。

2014年第三季度，中国的经常账户顺差与资本及金融账户逆差刚好抵消。这是一个非常有趣的现象。资本及金融账户逆差意味着国内资本大量流出。众所周知，在当前的经常账户顺差中，隐藏着大量跨境套利造成的虚假贸易，这意味着经常账户顺差的背后有着大量套利资金的流入。一方面是套利资本的流入，另一方面是国内资本的流出，这种格局有些吊诡。但套利资本是变动不定的，随着未来跨境套利空间的缩小，中国面临资本持续流出的格局并不令人意外。

随着人民币有效汇率的升值、国内劳动力成本的上升以及其他要素价格的市场化，中国的货币贸易顺差占GDP比率有望继续缩小。随着中国服务业的进一步开放，服务贸易逆差可能进一步放大。这意味着未来中国的经常账户顺差将会继续缩小。如前所述，未来中国可能出现资本与金融账户顺差与逆差交替的格局。换言之，中国的国际收支持续双顺差的时代可能已经结束了。

国际收支双顺差格局的转变，导致的直接结果是外汇储备的增长速度放缓，这进而会导致外汇占款的增量显著下降。事实上，从2012年起，中国月度外汇占款增量的中枢水平已经发生趋势性下降，尽管近年来波动率显著上升。这一现象造成的一个结果是，从2012年起，中国外汇占款同比增速已经持续显著低于M1同比增速，这意味着，外汇占款已经不再是一个稳定的发放基础货币的渠道。这也正是中国央行在2012年大量使用逆回购来向市场注入流动性的原因所在。

什么是未来中国合适的基础货币发放渠道，目前还存在争议。我个人的看法是，中国应该效仿大多数发达国家，将买卖国债作为调节基础货币的主要渠道。当然，目前央行面临的问题是，没有那么多的国债可买。因此，如果将买卖国债作为未来的基础货币发放渠道，我们就需要一个系统性的策略，将央行降低法定存款准备金率、财政部发行国债、设立新的主权财富基金，以及商业银行的相关操作等结合起来。我们团队正在研究这样一个方案。但受时间所限，我今天不能展开这一方面了。简言之，我并不认为诸如MLF或PSL等定向宽松工具是适宜的基础货币投放机制。

下面我分析第二个问题，即当前货币政策是否需要进一步放松，以及应该如何放松。中国经济潜在增长率与过去10年相比显著下降，已经是业界的共识。然而，很多证据表明，当前中国经济的增速可能依然低于当前中国经济的潜在增速，这意味着目前的产出缺口为负，这意味着央行有进一步放松货币政策的空间。产出缺口为负的一个证据，就是目前CPI同比增速低于2%，而PPI同比增速已经接近三年为负数。

为什么迄今为止央行主要依靠定向降准、定向降息、PSL与MLF等定向宽松的新工具，而不依靠传统的全面降准或降息呢？这体现了央行在保增长与调结构之间的纠结。保增长意味着货币政策需要放松，而调结构意味着应该避免过度放松，因此，定向宽松就成为央行不得已而为之的选择。

问题在于，定向宽松政策迄今为止效果不明显，而且带来了一些新问题。第一，货币政策天生是一种总量工具，用货币政策来调结构可谓工具错配；第二，定向宽松意味着央行掌握了分配信贷资源的权力，但这个过程是否会造成新的寻租空间？谁来监督以及评估央行分配信贷资源的决策？第三，定向宽松具有产业政策的性质，而一旦央行开始执行产业政策的职能，这可能会削弱而非加强央行的货币政策独立性。第四，从目前的定向宽松政策（尤其是PSL与MLF）来看，央行倾向于既定数量又定价格，这与利率市场化改革的大方向以及我们转向以价格调控为主的货币政策新框架，似乎都是相互冲突的。第五，央行目前是否是把以下两个问题混为一体了，一是是否应该放松货币政策，二是如何实现货币政策框架的转型，这是否会出现目标与工具的冲突？

中国央行的官员们的压力是很大的，因为他们被赋予了过多的任务。众所周知，欧洲央行的货币政策目标只有维持物价稳定这一项，美联储的货币政策目标为维持物价稳定以及保障经济增长这两项。而中国央行的货币政策目标已经有经济增长、充分就业、物价稳定与国际收支平衡四项。如果再加上调结构这一项，五个货币政策目标是否会成为央行难以承受之重？根据丁伯根法则，要解决一个问题，需要有一种工具。央行是否有足够的工具库来同时实现五个目标？

那么，如何走出当前的宏观经济困境呢？笔者认为，仅凭货币政策是难以实现这一目标的。首先，财政政策应该进一步发力，我们不应囿于财政赤字占GDP比率必须低于3%这一红线，只要财政资金能够得以有效使用，加大财政刺激的力度可以降低货币政策的负担，例如不妨加大对小微企业减税力度以及考虑对中小企业融资实现财政贴息；其次，央行应该与银监会密切合作。银监会的差别化监管政策可以很好地引导资金流向，一旦与央行的总量政策相配合，可以更好地实现保增长与调结构的双重目标；再次，笔者认为，在定向宽松政策效果不明显的前提下，目前不妨尝试全面降准或降息。

目前市场上有一种担忧，即一旦央行全面降准或降息，似乎会给市场释放一种强烈信号，即中央政府会重走老路。我觉得这种担心有点过头。目前，制造业面临几乎全面的产能过剩、二三线城市出现了巨大的商品房库存、地方融资平台正在面临治理整顿，很难想象，一两次降准或降息能够使得产能过剩、房地产泡沫与地方债务问题再度加剧。

此外，笔者担心的是，如果央行不在未来半年内的时间窗口主动全面降准或降息，一旦宏观经济继续下行，来自中央与其他部位的压力进一步加大，央行恐怕最终不得不进行更大幅度的降准或降息。换句话说，目前更小幅度的全面宽松，恰好是为了避免未来更大幅度的全面宽松。短痛是为了避免长痛。

当前是应该全面降准还是全面降息？虽然全面降准与全面降息的最终效果是大致相似的，但我个人认为降准比降息更好。由于目前很多贷款是在基准利率上加成来定价的，因此降息可能直接降低企业融资成本，这是降息的好处。但在美联储即将加息的背景下降息，这会加剧国内外利差的收窄，从而引发更大规模的资本外流。由于资本外流会降低国内市场的流动性，因此最终央行可能不得不通过降准来补充流动性。这意味着，降息最终可能导致降准。

除此之外，还有两个理由支持降准。首先，当年央行不断提高法定存款准备金率，恰好是为了冲销资本流入造成的外汇占款增加，既然现在资本流出造成外汇占款下降，通过降准来补充流动性就是再自然不过的选择。其次，全国性的存款保险公司在不久的将来就要成立了，商业银行会被要求缴保费。但商业银行会反驳说，20%的法定存款准备金率不就是我为了获得国家的隐含担保而缴纳的保费吗？为了让缴纳保费变得合理，客观上也需要进一步调降法定存款准备金率。

最后，还有两点值得一提。其一，在中国潜在增速下降、金融风险上升的背景下，私人部门对中国经济与金融体系的信心将会下降，这样通过推进结构性改革来增强市场信心，是非常必要的应对措施。在我看来，最重要的有三项结构性改革措施，一是实现国民收入在居民、企业与政府部门之间更好地分配，二是打破国有企业对若干服务业部门的垄断，三是加快实施国内各种要素价格的市场化。其二，我个人对当前是否应该加快资本账户开放持保留态度。在人民币汇率与利率形成机制尚未充分市场化之前，在国内金融市场的若干脆弱性得到有效应对之前，在国内金融市场尚未充分向民营机构开放之前，过快推进资本账户开放，有可能会引发大规模的资本外流，这可能损害国内金融市场的稳定性，甚至导致系统性金融危机的爆发。总之，国内结构性改革应加快，而资本账户的进一步开放应谨慎。

注：本文为笔者在2014年汤森路透投资论坛及StarMine全球分析师颁奖典礼上主题演讲的文字实录，已经本人审阅，有删节并调整。

让 P2P 当一回救世主又何妨

郭宇航
点融网联合首席执行官，共同创始人

一家P2P平台倒下了，无数家P2P平台又站起来了。行业如戏，你方唱罢我登场，红脸的关公过关斩将，白脸的曹操挟天子，黑脸的张飞叫喳喳，还有诸多跑龙套的旗帜翻飞走过场，一对对鲜明的"鸳鸯瓦"、一群群生动的活菩萨，好一派热闹景象！

台上唱戏的自是热闹，可现下里戏迷们的喝倒彩声往往盖过了戏台上的西皮二黄音。

最近，网络上出现不少分析P2P平台生存现状甚至坚决唱衰P2P发展前景的文章，引发不少行业内人士和投资人的热议。其中不乏真知灼见，却也难免夹杂偏颇，学习借鉴之后通常也会收藏。但当身边许多对P2P行业刚刚产生兴趣的朋友，开始转发此类文章并伴以疑惑及善意的眼神劝我撤身P2P行业之后，似乎问题有些严重了。不得不再翻阅这些文章，找找其杀伤力来自何处。

回看之后发现，通常此类文章标题深谙传播真谛，极为耸动，作者背景描述又往往资深权威。然而，我们仔细推敲这些文章的观点，会发现即使文中拿掉"P2P"，很多列举的问题依然存在，了无新意。这样拿中国的金融系统性的诸多不足来论证一个新兴金融模式前景惨淡是否过于苛刻？

即便经济下滑，坏账频发，难道这就是银行惜贷的全部理由？四大行风生水起，股份制银行异军突起，城商行如雨后春笋，信贷规模逐日攀升，享受着国有体制的各种优势、上市后的各类好处，任由一堆小微企业、个体工商户挣扎浮沉在高利贷边缘。银行多数作壁上观，美其名曰：尊重市场规律！扪心自问，依然享受着各级政府小微放贷坏账补贴的银行们，你们心安理得？

P2P生于平地，起于青萍之末，积小善而成多。偶有不轨之徒使其蒙羞，然余者其心可鉴。奈何青山不容，意欲止之于草莽！

真正在P2P领域埋头做事并积极推动行业发展的人不一定有时间来一一反驳这类言论，但不发声并不代表认同这些观点。所谓的P2P的真相和谎言，更多是媒体的解读，关P2P何事？

P2P，良辰美景奈何天，何处话凄凉

橘生淮南则为橘，生于淮北则为枳。P2P生于西水则为惠，生于东土则为祸。好好的一番赏心乐事，却惹得徒呼奈何。

一些文章中提到的很多系统性问题，包括刚性兑付、信贷风险频发、金融机构不良率上升、类金融机构倒闭、投资渠道有限等情形。仔细推敲会发现，即使没有P2P整个行业的存在，我们的金融市场依然存在这么多问题，而且积重难返。P2P的出现，并没有让这些问题变得更糟糕。从这点上可以得出一个简单的逻辑：那些文章所指出的各种问题和P2P商业模式本身是无关的，并不能将此作为简单判断P2P这个

行业是否靠谱和是否有前景的依据。

遥想当年，四大行有巨额坏账，实质性已经破产了，政府大笔一挥，"小乔初嫁了"，巨额坏账从左口袋银行装到右口袋四大资产管理公司，让国有银行轻装上阵，改头换面登堂入室，尽享资本盛宴。

在银行黄金发展的十年，不良率也尚且可控的"盛世"下，我们的传统金融机构们也并没有伸出手来帮帮民营小微企业。融资难、融资贵的问题一直处于自生自灭状态。我们举国的钱掌柜们依然执着地向国有企业、房地产行业以及地方政府融资平台等输送了大量资金，同时也集聚了大量潜在风险。银行直呼小微难做，风险与效率两难。当然难，难在体制，难在观念！当优质客户被瓜分殆尽，竞争激起，贷款下沉是市场之手的选择。技术的进步也必将加速这一进程。

国家信用背书的传统金融机构无风险收益高企，银行普遍采用资产定价取代风险定价，信用贷款举步维艰，再加上金融抑制导致民间资本暗流涌动，追逐高利，这是整个中国社会融资成本居高不下的根本原因。

同时，我们的金融市场也没有为普通投资人提供足够丰富、多层次的金融产品去满足投资人的各类财产增值需求，一些文章说屌丝投资人们对专家学者们的"奉劝"骂得最凶，难道他们没有看到，我们的广大投资人们正是因为投资需求压抑太久，而不想看到好不容易让他们可以享受投资乐趣和收益的P2P被一些专家学者唱衰啊！

自律的P2P平台的出现，提供了小额批量资金自由匹配的可能，提高了社会直接融资和风险分散的效率，也许动了某些机构的奶酪，但更多是定位于传统银行的补充，吃了点残羹冷炙，咋就那么不招待见呢？

中国的P2P是利用互联网解决融资从无到有的问题

中国的P2P平台和美国Lending Club最大的不同在于，美国Lending Club是通过互联网技术手段降低了融资运营成本，让借款人可以通过互联网获得比传统银行信用卡更低的贷款利率，而Lending Club本身最大一块业务就是信用卡的还款贷款。相比美国，中国的P2P平台更多是利用互联网技术为从未在银行获得过融资的中小微企业和个人，获取一个融资的机会，首先解决的是贷款的可获得性问题。

根据2014年的一份民间金融调查报告显示，目前我国民间金融规模高达5万亿元，而根据另一份P2P平台发布的《民间利率市场化报告》显示，多数省市在2014年前三季度的平均利率都在25%左右，山东地区平均利率甚至超过28%。面对如此大规模的民间借贷和如此高昂的利率水平，P2P平台正是试图利用互联网技术，将小额借款需求和投资需求通过互联网的方式进行匹配，达成时间和空间上的转换，聚少成多，让投资人在分散投资中获得一个不错的投资收益，同时也让借款人有机会以低于高利贷的利率获得资金。

有些人可能会说，P2P的利率也不比民间借贷低啊。但细心的朋友会发现，在过去的12个月，整个P2P行业的利率水平都在往下走，从网贷之家的数据来看最新的行业利率平均水平已经降到18%上下，而我们点融网给投资人的收益也从2013年的16%下降到目前的12%以下。2014年8月份，《国务院办公厅关于多措并举着力缓解企业融资成本高问题的指导意见》也强调要降低企业融资成本，而P2P行业的高利率是阶段性的，随着市场的充分竞争、风控水平的不断提高以及优质借款人的涌现和挖掘，P2P利率下降是必然趋势，也更符合普惠金融的理念。

技术进步不是一蹴而就的，但不积跬步无以至千里。时间是检验模型的唯一标准，中国的银行业不过区区几十年，却已开始吃老本。互联网企业的无畏精神，同样给信贷市场带来一缕清风。对于未来的信贷技术，很难预测，唯一能肯定的是不能故步自封。

现在全国接近40家P2P平台获得了各类风投的青睐，还有不少是美元基金领投，说句调侃的话，我们拉来美元基金的投资，拽着外国人的钱，来解决中国传统金融市场都无法解决的顽疾病症，即使亏了也不是亏这些整天唱衰P2P的专家学者们，不是吗？

旁观拍手笑疏狂，疏又何妨，狂又何妨？

目前，P2P行业确实存在不少问题，例如行业环境恶劣、监管迟迟未落地、无法对接征信中心、大数据分析的数据质量差异大、线上/线下运营成本高、部分违法分子混迹P2P套利跑路等，但问题本身并非无法解决，随着监管措施的不断细化和征信数据的对接，行业整体竞争环境会趋于理性，在监管的合法合规框架下，很多问题会由市场自己解决。

我们同时也要看到，即使P2P行业环境如此，依然有很多的平台不断在夹缝中创新，例如部分平台精做P2P垂直领域，专注于学生贷、供应链金融或者票据市场，又如我们点融网，全国首创了极致分散投资方式"团团赚"。正如马云所说，传统金融机构是动脉、静脉血管，而互联网金融是毛细血管，即便P2P平台的交易量小，甚至多数P2P的放贷量比不上银行的一个支行，但并不代表它们没有价值，在行业环境逐渐完善的前提下，P2P可以在技术驱动和创新推动下做得比现在更好。

传统金融机构在面对民间借贷、中小微企业时都悲观叹息，虽然国家一直鼓励和支持，但在中小微企业融资问题上一直都没有进展。从互联网人的市场化逻辑来看，在充分自由和规范的市场规则下，凡事总有一个解决方案。传统行业用几十年做的事情，在互联网时代可能几年就可以完成。未来十年互联网技术还会继续发展，大数据的质量和分析水平也会不断提高，在市场规则下，我们始终相信互联网可以改变金融，可以带来更好的生活。如果银行不愿意做，就让我们P2P放手来干吧。天将降大任于P2P！

央行在最新发布的《中国货币政策执行报告》再一次提到，"进一步完善互联网金融相关标准和制度，促进公平竞争，加强行业自律，提升风险防控能力，切实维护投资者权益，促进互联网金融健康发展。"民间金融的问题不是一朝一夕可以解决的，但我们相信互联网、相信市场的选择。十年前，谁也无法预知第三方支付的崛起能席卷陈旧保守的网银支付，牢牢把握了草根客户的金融入口，而今，P2P正有燎原之势，谁又敢断言它不是小微客户的雪中炭？

财税法治体系：理财治国之重器

刘剑文

北京大学法学院教授、中国财税法学研究会会长

耿　颖

北京大学法学院本科生

十八届三中全会《关于全面深化改革若干重大问题的决定》将财政定位为"国家治理的基础和重要支柱"，充分说明财税体制在理财、治国、安邦中始终发挥着基石性和制度性作用。站在这个高度上，日前召开的十八届四中全会《关于全面推进依法治国若干重大问题的决定》进一步提出依法治国总目标，财税法治在法治国家、法治政府、法治社会全局中无疑居于决定性的地位。

从本质上看，"国家治理体系和治理能力现代化"，也就是国家治理体系和治理能力的法治化。在"理财治国"图景中，财税改革与财税法治紧密衔接、相互配合，共同构成国家治理总目标的两大核心要素。通过从立法、执法、司法、守法四个维度加以构建，并将机构人员、文化思维作为深层保障，能够强有力地推进我国财税法

治体系的全面形成和自觉运行，进而有效地增进民生福祉，维护社会公平正义，实现国家长治久安。

一体两面：财税改革与财税法治紧密衔接、良性互动

四中全会《决定》是新中国成立后中共中央通过的第一个关于加强法治建设的纲领性文件，这是我国依法治国征程上新的历史起点。

综观全文，其中直接提到"财税"及相关语词的次数和篇幅似乎没有三中全会《决定》那么多，基于此，有一种观点认为，这说明财税法治在依法治国中的地位不够突出。但我们认为绝非如此，两次全会和相应的两大主题在时间轴上渐次展开，在逻辑链上环环相扣，在侧重面上相互交融，因此，应当将两份《决定》紧密结合起来，打通其内在关联，从一种整体主义的视角来把握它们的内涵意旨，而不宜将两者割裂开、单独分析，更不宜仅仅根据表面上某些词语的出现频率来评判重要性，否则将可能导致视野的狭隘、对本意的误读甚至是方向的迷失。

诚如习近平总书记10月27日在中央全面深化改革领导小组第六次会议上所强调的，前后两个《决定》形成了"姊妹篇"，即"全面深化改革需要法治保障，全面推进依法治国也需要深化改革"。之所以能用"姊妹篇"来形容，表明它们分别代表的"改革"与"法治"间筋脉相连、关系至为密切。鉴于此，在三中全会《决定》和中央政治局随后通过的《深化财税体制改革总体方案》对财税改革做了顶层设计的情况下，四中全会《决定》有关法治建设的整体构想以及机制制度的具体建构同样适用于财税改革，从而进一步彰显、强化财税法治的关键地位和重要性。

要言之，财税改革需要财税法治予以保驾护航，优化财税法治体

系是深化财税改革的压舱石和最优路径，正如同大鹏之两翼应齐飞、战车之两轮应并进。但在过去很长一段时间里，我国的财税法治建设未能得到充分重视，远远滞后于财税改革的进度，"立法阻碍改革"的观点一度占据主流话语。例如，沪渝两市房产税试点、"半夜鸡叫"上调印花税、1984年和1985年税收立法授权带来的大量税收"暂行条例"等，均采取了改革先行、立法脱节，行政主导、人大缺位的做法。其结果是，由于缺少法治的规范，这一系列财税改革的正当性和合法性颇受质疑，在实践中难以被民众自愿遵行；由于缺少法治的指引，财税改革也容易变得短视、部门利益化，以致陷入困局。

当前，在改革进入攻坚期和深水区、社会稳定进入风险期的新形势下，财税法治对财税改革乃至经济社会发展的重要性更加突出。具体表现为：首先，财税法治有助于协调各利益主体之间纷繁复杂的关系，使财税改革凝聚起最大共识，保证决策内容的科学性和决策执行的顺畅性；其次，财税法治有助于增强财税决策的稳定性和可预期性，让市场主体在统一规则下公平竞争、自主创新，也让公权力机关在既定规则的限度内行使权力，有所为而有所不为；再次，财税法治有助于廓清、指明和坚定建立现代财政制度的目标，通过财税立法来引领财税改革，使财税改革做到蹄疾步稳、有条不紊。由此足见，推进财税法治是推动财税改革的压舱石，更是建设法治国家的突破口。

尤为值得关注的是，四中全会《决定》提出"总目标是建设中国特色社会主义法治体系""法律是治国之重器，良法是善治之前提"。从过去常用的"中国特色社会主义法律体系"到"中国特色社会主义法治体系"，以及从"法律"到"良法"、再从"良法"到"善治"的两步走，体现了认识论和方法论上的重大飞跃。换言之，一个完整的财税法治体系不仅需要静态的财税良法，还需要动态的财税法治实施、法治监督和法治保障。而要完成财税法治的系统性建设，应当将"科学立法、严格执法、公正司法、全民守法"相结合，从这四个维度统筹着力，协同推进财税领域的"良法善治"。

财税立法：回应时代需求和人民期待，加快法律制定、修改

第一，发挥与财税直接或间接相关的《宪法》条款的统率作用。

《决定》指出"坚持依法治国首先要坚持依宪治国"，明确了宪法在包括财税法律在内的法律体系中的"根本大法"地位。考虑到我国现行《宪法》对财税问题关照不足，应当积极推动将财政法定原则、税收法定原则以及中央与地方间财政关系等写进《宪法》，为财税立法和财税改革打牢宪法基础。此外，《宪法》规定的生存权和发展权、平等权、政治参与权等公民基本权利应当统领所有财税法律、指导所有财税改革，"以宪法为根本的活动准则"。例如，个人所得税、房产税等税种法律应保证纳税人的基本生活需要不被征税；再如，应鼓励公众参与和社会监督与纳税人息息相关的财税立法。

第二，大力充实财税基本法律规范，并注重提高、优化法律、法规的质量。

虽然时任全国人大常委会委员长吴邦国曾于2011年宣布"中国特色社会主义法律体系已经形成"，但在财税领域其实尚存较大的法律法规缺漏，仅有的几部财税法律也比较粗糙、抽象、可执行性差。

《决定》将"财政税收"列为加强立法的重点领域之一，鉴于此，一方面，在今年8月31日四审通过《预算法》修改之后，下一阶段应当把财税立法重点投入到政府间财政关系和具体税种上，尽早制定出台《财政收支划分法》和《财政转移支付法》，并且将增值税、消费税、资源税等诸多税种从当前的"条例"或者"暂行条例"逐步上升为单行法律，实现"一税一法"。

另一方面，财税"良法"的打造必须"抓住提高立法质量这个关键"。"不是所有的法都能治国，不是所有的法都能治好国"，只有尽心尽力地把握每一次立法或修法的机会，使财税法律立得住、行得通、真管用、有权威，才能真正发挥财税"良法"引领时代进步的作用。这要

求增强财税法律法规内容的可操作性、针对性、精细性、有用性，全面反映客观规律和人民意愿，不断回应改革发展的新需要和新趋势。例如，我们倡导加快增值税、消费税、资源税等主干税种的立法，绝不是指在名称上把现在的"条例"或者"暂行条例"换成"法"，不改变其中的具体条款，而是强调在制定税种法的过程中优化法律规范内容、切实提高法律质量，否则，就只是一种徒具其表的"换汤不换药"、一种"空有数量没有质量"的徒劳之举，不能产生任何实际意义。提高财税法律质量的根本途径，是在财税立法程序上推进科学立法、民主立法，由此兼顾实体合理与程序公正，并用程序正义促进和弥补实体正义。

第三，处理好财税立法与财税改革的关系。

《决定》强调，"实现立法和改革决策相衔接，做到重大改革于法有据、立法主动适应改革和经济社会发展需要。"这意味着，一方面，财税立法应先于启动相应的财税改革，对于事前立法的条件实在不成熟的，需采取全国人大及其常委会宣布暂停特定地区或特定时期的某些法律或者严格地一事一授权等方式。例如，在当下的房地产税改革、环境保护税改革、资源税改革等过程中，就应当因循上述思路。另一方面，财税立法应跟紧财税改革进展，改革实践证明行之有效的要及时在法律中确定，不适应改革要求的法律法规则要及时修改或废止，由此保证法律的实时性。例如，我国多地区在预算公开、预算参与等方面的积极尝试和经验在稳定之后，便可以适当的方式纳入法律规范文本。

财税执法：以权责法定、执法严明、公开公正、廉洁高效为目标

第一，严格落实财税法律，依法全面履行政府职能。

"法律的生命力在于实施，法律的权威也在于实施。"我们要清醒

地认识到，财税法律在制定与落实、发挥效果之间还有一道鸿沟需要跃过。因此，在财税法律设定了诸多职能、权限、程序、责任的基础上，行政执法主体应当遵照"法定职责必须为、法无授权不可为"的原则，恪守法治底线，提供一个公共政府应提供的公共产品，不侵扰市场和社会场域中主体的权利。以专项转移支付为例，新《预算法》首次规定"市场竞争机制能够有效调节的事项不得设立专项转移支付""上级政府在安排专项转移支付时，不得要求下级政府承担配套资金""建立健全专项转移支付定期评估和退出机制"，这无疑是重大的立法进步，而只有政府切实履行了这些法定的实体和程序义务，才能使专项转移支付法治化成为现实。

第二，规范、公正、文明地进行财税执法。

在财税实践中，所谓"规范执法"，要求财税机关遵守法律规范。例如，税务机关应当依据税法征税，而非依据指标征税。再如，建立权力负面清单制度，划定税务行政许可、行政处罚、行政强制等执法行为的范围。所谓"公正执法"，要求财税机关提高执法的公正性、合理性。例如，建立健全税务行政裁量基准，使税务执法活动有较为统一的标准可循。所谓"文明执法"，则对财税机关改进工作质量提出了要求。例如，加强税务执法信息化建设与信息共享，以提高执法效率，创新纳税服务的理念和方法，向纳税人提供更多、更好的纳税服务。

第三，强化对财税行政权力的规范、制约和监督。

《决定》提出，"加强党内监督、人大监督、民主监督、行政监督、司法监督、审计监督、社会监督、舆论监督制度建设，努力形成科学有效的权力运行制约和监督体系，增强监督合力和实效。"同理，无论是宏观的财政行政权力还是微观的税务行政权力，均需被关进由多重监督构成的"铁笼"里，建立常态化的监督问责机制。而对于其中的人大监督、社会监督、舆论监督等外部监督来说，这些主体发挥监督力量的先要条件便是财税政务的完整、准确、及时公开。正如《决定》明确列举的，"财政预算、公共资源配置"等领域尤应作为政府信息公开的主战场。因此，亟须在保证预算、决算充分公开和被知情的前提下，让人大预算审批、审计机关独立审计、公众参与预算等共同发力，从而织就一张细密的财税行政权力监督网络。

财税司法与守法：将法院和纳税人当作亟须强化的两种法治力量

在司法上，完善和繁荣财税司法，提供多元化纠纷解决机制。"司法公正对社会公正具有重要引领作用，司法不公对社会公正具有致命破坏作用"，这说明司法是撑起法治社会、法治国家的一大支柱。但遗憾的是，我国财税司法实践一直较不发达，在一定程度上"拖了"财税法治整体进程的"后腿"。未来财税司法可以从两个方面加强探索，一是放宽税收司法，保障纳税人获得救济、特别是司法救济的权利。对此，税务机关应当扭转"零纠纷"的维稳思维，并借助于修改现行《税收征收管理法》中"双重前置"等阻碍纳税人提起诉讼的法律规定，以及探索设立税务法院、培养税务法官，做到"有案必立、有诉必理，保障当事人诉权"，使纳税人在每一个税案中感受到身边鲜活具体的公平正义。二是试水纳税人诉讼，鼓励纳税人维护涉及财政资金的公共利益。当前，环境公益诉讼、消费者权益诉讼在我国方兴未艾，纳税人诉讼同为公益诉讼的一种类型，是保证公共资金合理、高效使用的有力手段。可以说，税务诉讼侧重于保护财政收入层面的、私法上的财产权，纳税人诉讼侧重于保护财政支出层面的、公法上的财产权，它们一起守护了财税过程的公平正义。

在守法上，加强财税法治教育，培养财税意识及纳税人意识。"法律的权威源自人民的内心拥护和真诚信仰"，同样，财税法律也应扎根于广大纳税人的心底里，方能成其为全方位的财税法治。具体说，一要培养依法纳税意识。在社会主义市场经济背景下，全民普法的内容不仅包括刑法、民法等传统法律，也包括攸关纳税人经济利益的财税法。根据《决定》确立的国家机关"谁执法谁普法"的普法责任制，应主要由财税机关负责开展财税法治宣传工作，向社会和纳税人普及财税法知识。通过让纳税人明白税收取之于民、用之于民的含义，建立税收信用体系，增进税务机关与纳税人之间互动、合作的良性关系。二要培养纳税人意识和公共财产意识。法律结构中的权利与义务是相对应的，我们在强调履行义务的纳税意识的同时，自然还要强调行使权利的纳税人意识。财税法律不仅是纳税人的行为准则，也是纳税人的权益保障利器。换言之，纳税人不仅是财税法治的自觉遵守者，也是财税法治的坚定捍卫者。经由守法教育，纳税人的主体意识逐渐觉醒，将愈加积极地参与依法理财活动，进而保证纳税人的钱被国家依法汲取为公共财产，以及纳税人的钱所积聚成的公共财产都被国家用在了刀刃上。

深层保障：让财税法治成为理财治国的自觉机制

如果说三中全会《决定》和《深化财税体制改革总体方案》从预算管理制度、税收制度、中央和地方政府间财政关系三项内容入手，横向地铺排了财税改革的几块重点区域，那么，四中全会《决定》则从立法、执法、司法、守法四个环节施力，纵向地贯穿了财税法治的完整运作过程。其实，在前文所述的"科学立法、严格执法、公正司法、全民守法"十六字方针之外，财税法治建设还具有更深层的保障，包括作为"硬件"的机构、人员和作为"软件"的文化、思维。若能兼备这两个条件，财税法治也就有望成为理财治国的自觉机制。

在机构人员准备上，与现实迫切需要相呼应，设置健全的财税法治机关，并配备专业的财税法治队伍。机构和人员是法治体系建设的物质基础，《决定》中多次提及这个问题，比如立法部分的"依法建立健全专门委员会、工作委员会立法专家顾问制度""健全向下级人大征询立法意见机制，建立基层立法联系点制度""探索建立有关国家机关、社会团体、专家学者等对立法中涉及的重大利益调整论证咨询机制"，执法部分的"积极推行政府法律顾问制度，建立政府法制机构人员为主体、吸收专家和律师参加的法律顾问队伍"等。落实到财税领域，有必要探索设立全国人大常委会预算委员会专家顾问、税务机关总法律顾问以及专门的税务法院，增加现有相关机关的人员编制，同时将更多的财税法律专门人才吸纳进财税机关中。

在文化环境塑造上，经由一次次财税法治实践、教育和积累，使法治思维和法治方式牢固地树立在决策者及全体纳税人的心中。法治思维和法治方式，意即基于法治的固有特性和对法治的信念来认识事物、判断是非、解决问题的思维方式和行为方式。财税法治思维和法治方式的隐含逻辑是：财税活动的所有参与者都应遵守法律、诉诸法律、捍卫法律，并逐步培养起法治社会所崇尚的理性、协商、合作、民主、责任等理念。也即，财税立法者、执法者与纳税人都要改变过去对抗、侵权和单极的财税法文化，而善于在法律秩序框架下，平和、理性、建设性地展开对话，当意见不相同时相互妥协、加强合作，以寻求相对最佳、共识最大的解决方案。这种内生性的法治文化融贯于税收征纳、财政收支、财政监管等整个财税过程中，汇聚成财税改革、财税法治建设和社会发展的持续内在动力。

从"税收法定"走向"预算法定"

韦　森

复旦大学经济学教授

2014年8月下旬，第十二届全国人大常委会第十次会议召开专门会议，讨论《预算法》修改的四审稿，并于8月31日下午对《预算法》修正案进行投票，结果以161票赞成、2票反对、7票弃权而获得高票通过，这是应该值得庆贺的事。

预算法有"经济宪法"之称，这次《预算法》的修订，历时十多年，全国各界参与人员之广、讨论问题之深，乃至全国人大和政协代表发言之多，在中国立法史上都是创纪录的。

四审稿接近"天花板"

总体而言，这次《预算法》四审稿在中国现有的国家制度安排中有这么多和这么大进步，已经是相当不容易了。当然，按照一些专家如中央财大的王雍君教授、上海财大的蒋洪教授以及中国政法大学的施政文教授的看法，四审稿还有许多不完善和不尽人意的地方。比较其他国家的预算法，我们的新《预算法》仍然较虚，许多条款都是原则规定，不像其他国家的预算法那样条条都告诉财政部门和政府部门如何做。尽管如此，新的《预算法》无论是在立法宗旨、保留央行国库的原来条款，还是在人大对政府预算的监督方面，以及在允许地方政府发债，但发债要经人大批准方面，都有很大进步，已经接近目前我们国家基本政治制度格局中修《预算法》的"天花板"。因此，在这个问题上我比较赞同武汉大学熊伟教授的一个说法，不能把中国未来政治体制改革全部寄托于一部《预算法》的修改上，那是《预算法》修改的"不能承受之重"。

具体说到近几年来围绕着《预算法》修改而逐渐发生的中国预算民主理念的变化，最重要的还是在中共十八大报告和十八届三中全会《中共中央关于全面深化改革若干重大问题的决定》中，两者都把加强人大对政府全口径预算监督列入政治体制改革第一条，十八届三中全会还决定把"落实税收法定原则"写入第二十七条。这应该是一个重大的理论突破。现在新的《预算法》终于通过了，尽管还不尽令人满意，但是这将使中国国家预算管理制度从"税收法定"慢慢向"预算法定"的方向走。譬如，新的《预算法》将原第九条改为第十三条，修改为："经人民代表大会批准的预算，非经法定程序，不得调整。各级政府、各部门、各单位的支出必须以经批准的预算为依据，未列入预算的不得支出。"又新增了第十四条："经本级人民代表大会或者本级人民代表大会常务委员会批准的预算、预算调整、决算、预算执行情况的报告及报表，应当在批准后二十日内由本级政府财政部门向社会公开，并对本级政府财政转移支付安排、执行的情况以及举借债务的情况等重要事项做出说明。"这些都应该说是很大的阶段性进步了。因为，要做到"预算法定"，可能还有很长的路要走，这要改变我们的人大制度，要进行深层次的政治体制改革，这都是现阶段单凭《预算法》的修改所做不到的。

至于说中国的预算民主政治建设会有什么实质性的进步，这方面我个人还不是太乐观。主要的问题是：新的《预算法》是这样修订了，但如何实施？具体的实施细则和条例又如何制订？尤其是如何真正做到"预算法定"？这已经超越了新通过的《预算法》，而有赖于中国现代国家制度方面的深层次改革和基本建设，或者具体说人大制度和功能方面的基本建设。换言之，这要等到中国国家治理体系现代化整个完成了，才有可能最终达到这一点。可能无人怀疑，在这方面我们国家还有很长的路要走，只有到那时候，如果再修《预算法》，那才是预算民主建设的真正组成部分。

政治改革和现代国家制度建设的逻辑起点

这些年我和李炜光教授、蒋洪教授、叶青教授等财政学界的学者在呼吁从《预算法》修改方面推动中国的政治体制改革，建立符合现代预算民主的政府预算管理体制，总是有社会各界的朋友提出一些不同意见，认为做不到。我们自己何尝乐观？但是，一个现代化国家，首先要有一个现代的国家预算管理制度，这个问题是绕不过去的。这正如我在2010年的一篇访谈中所讲的那样，修改《预算法》，开启中国的预算民主政治建设，应该是中国政治体制改革和现代国家制度建设的逻辑起点。尽管当时讲觉得很难，讲预算民主理念背后自己感觉还有丝丝凉意，但这些年下来，特别是在2012年围绕着《预算法》二审稿发生了全国社会各界的大讨论，预算民主是一个现代化国家制度的基本要件这一点，已经开始在我国社会各界深入人心，尤其是被许多人大代表和政府官员所接受。

这些年来，我也和财政学界、政治学界的学者参加了一些有省市人大预算工委主任参与的学术讨论会，我也多次给一些省市厅级以上的领导干部做有关预算民主与现代化国家制度建设的讲座，得到的反馈全是正面的，得到的几乎全是支持和赞同。这说明这些年预算民主和预算法治的理念正在全社会普及。只有理解了这一点，才能理解为什么2012年《预算法》二审稿上会，最后没有通过，乃至今年（2014年）4月份"三审稿"上会会讨论，人大常委会也没有启动表决通过程序。这次四审稿最后经中共中央政治局会议敲定，又在立法宗旨、人大监督、允许地方政府发债，乃至恢复保留央行国库条款等方面做了重大修改后，8月31日终于通过了，这本身就说明中国公民的预算民主理念在进步和觉醒。

预算报告须公开、透明和细化

《预算法》要求，政府每年的预算报告要公开、透明和细化。

这牵涉两方面的问题：第一，预算公开和预算报告要细化到什么程度。我们曾提议要"预算收入公开细化到目级科目"，但是从现实来看，在我们这个大国，这么大的预算收支，各级政府的预算报告要细化到目，可能不是每位人大代表都有时间全看的。这就牵涉第二个问题，即在人大设立专门委员会和具体的功能机构来审查政府每年的预算草案。这些人是专家，他们能看懂，知道每年预算的核心和关键问题在哪里，然后在全国人大会议提出这些问题来审议。

现在按新的《预算法》第二十二条规定，"全国人民代表大会财政经济委员会对中央预算草案初步方案及上一年预算执行情况、中央预算调整初步方案和中央决算草案进行初步审查，提出初步审查意见。"在今年6月中旬，在北京召开的《预算法》修改讨论上，我们八位税法学、财政学和经济学的教授曾建议在人大设立一个专门的机构，叫"人大预算委员会"。我们的具体意见是：在县级以上人民代表大会设立"预算委员会"，专司财税立法和每年预算的审查、监督和制衡。同时，强化人大常委会预算工作委员会的职能，扩大编制，增加人员，便于其协助"预算委员会"的工作。特别是，可以将预算审计的职能赋予预工委，使其与政府预算、公共单位内部审计并列，大大提升人大对政府预算的审查、监督和制衡能力。

这次新的《预算法》修正案，没有采纳我们的建议，因为设立人大专门的预算委员会已经超越《预算法》本身的功能了，以后要通过启动人大的组织法或其他法律来决定。但是，值得注意的是，这个新的《预算法》第二十二条还是留了一个口子，原话是："省、自治区、直辖市人民代表大会有关专门委员会对本级预算草案初步方案及上一年预算执行情况、本级预算调整初步方案和本级决算草案进行初步审查，提出初步审查意见。""设区的市、自治州人民代表大会有关专门委员会对本级预算草案初步方案及上一年预算执行情况、本级预算调整初步方案和本级决算草案进行初步审查，提出初步审查意见，未设立专门委员会的，由本级人民代表大会常务委员会有关工作机构研究提出意见。"这里所说的"专门委员会"，可以是目前各级人大的"预算工作委员会"，即"预工委"，当然也可以是之后设立的"人大预算委员会"。能做到这一点，"税收法定原则"和"预算法定原则"就能落到实处了。到那时，我们才能说我们国家的预算民主建设真的起步了。

《预算法》首次允许地方发债是一大进步

这次新修订的《预算法》允许地方政府发债，是一大进步。新的《预算法》还设了"防火墙"，即在第三十五条规定："经国务院批准的省、自治区、直辖市的预算中必需的建设投资的部分资金，可以在国务院确定的限额内，通过发行地方政府债券举借债务的方式筹措。举借债务的规模，由国务院报全国人民代表大会或者全国人民代表大会常务委员会批准。省、自治区、直辖市依照国务院下达的限额举借的债务，列入本级预算调整方案，报本级人民代表大会常务委员会批准。举借的债务应当有偿还计划和稳定的偿还资金来源，只能用于公益性资本支出，不得用于经常性支出。"

　　至于人们所担心的地方债会给未来中国经济所带来的风险问题，我自己多年来一直并不是很担心，因为中国各级政府的债务目前占GDP的比重与其他国家比还不是很高，还在可控范围之内。中国经济最大的隐患，是企业负债率过高，而不是政府负债的问题。并且这次新的《预算法》修订，还特别设立了另一道防火墙，即规定："国务院建立地方政府债务风险评估和预警机制、应急处置机制以及责任追究制度。国务院财政部门对地方政府债务实施监督。"就此而论，这一次《预算法》修订也有很大的进步。

互联网金融和银行没有根本对立

马蔚华

永隆银行董事长、招商银行原行长

现在有一种看法认为，互联网金融就是互联网企业做金融，但实际上商业银行很早就用互联网做金融了，所以，我觉得真正意义上的互联网金融就是用互联网这个技术形式做资金的融通。

互联网金融和银行用互联网形式去做业务，这两者之间没有根本的对立。我们经常把互联网金融说成是颠覆性创新，我觉着这个说法有待商榷。颠覆性创新的确有，比如像现在比较火的小米手机叫"屌丝逆袭"，还有特斯拉叫"跨界打劫"，这些都是颠覆性创新。而传统银行和互联网企业做金融，本质上应该是优势互补、相辅相成的：他们都给对方带来了一定的挑战，这种挑战对双方改革发展都有利。实际上传统的银行用互联网做业务很早就有了，起初商业银行利用互联网技术创新渠道搞电话银行，接着开展产品创新，比如用移动支付取代信用卡、用微信做金融，还有一些银行用互联网搭建电子商务平台。现在很多商业银行业务的网络替代率都超过80%，招商银行零售业务网上替代率超过90%。

互联网企业做金融也由来已久，记得20世纪80年代的时候，比尔·盖茨当时就想，银行有两大功能，一个是融资中介，一个是支付的平台。所以，我与其把设备租给你，不如自己来。盖茨很早就想成立自己的公司，取代银行的支付业务，后来由于银行游说联储，结果没有成功。但是比尔·盖茨当时说了一句话，"你们传统银行如果不改变，就是21世纪要灭绝的恐龙。"受到这句话的影响，我到招行之后就把互联网运用到商业银行了。

20世纪90年代，银行的支付网关是靠第三方支付的，后来有了银联以后，这几家第三方支付公司就消失了，然后2004年开始有了支付宝。近年来互联网企业做金融为什么能够风生水起？这其中有一个背景，就是大的生态环境发生了变化。做金融也要有一个生态环境，就是我们的网民越来越多。10年前我们只有五千万，现在有六亿多，网络的普及率10年前是百分之四点几，现在是46%，都翻了10倍。所以，这种互联网的需求创造了一个巨大的生态环境，在一定的生态环境下就会有新物种出现。互联网企业具有强烈的进取精神，就拿第三方支付来说，其兴起就是因为传统的银行按照大数原理把资源都投入到最能带来效益的头部去了——长尾理论的头部，而忽视了那些零星的碎片，因此，第三方支付在银行服务不到的地方应运而生，然后发展到一定程度之后——比如支付宝搞了7年——沉淀了大量的交易数据，通过这些交易数据，可以判断客户的风险，完全可以用互联网做信贷。而且还积累了大量的客户，这些客户和互联网的黏度较强，有了这个基础，他们开发的产品容易获得客户的认同。就这样，互联网企业一步一步进入了整个金融领域。实际上，互联网企业最开始的想法是对用户价值进行再挖掘，这些企业最初是做门户网站、搜索引擎和社区平台，并靠广告来实现流量变现的，后来他们发现光靠这个还不够，这些沉淀下来的流量还可以有更大的用处。他们发现金融有两大优势：一是盈利比较高，二是比较标准化。于是他们就把互联网流量和金融的发展结合起来，产生了大量的互联网金融产品。再有，监管当局对新生事物采取一种因势利导的态度，这样就给互联网金融发展，特别是这几年的快速发展创造了条件。

互联网金融出现以后，对传统银行一统天下的格局确实带来了很大的挑战。一是职能端，传统银行的业务首先是支付，第三方支付每年百分之百的增长，现在已经快五万亿了。二是融资，互联网融资、P2P、网上信贷都对传统银行信贷造成了冲击。三是财富管理，如余额宝就对银行产生了一定影响。四是负债端，互联网金融是银行负债脱媒的加速器，由于现在银行的存款利率还是管制的，但是银行体系外的金融市场越来越发达，大家都愿意去买余额宝而不是在银行存款。

所有这些影响最终会体现在盈利上，虽然现在影响不大。过去我们把互联网金融带来的这些直观的挑战看得比较重，实际上到目前为止，互联网金融形成的份额还不大，还不足以令银行难以生存。但从长远的发展趋势看，我们对互联网的认识应该要超出简单的业务层面。从总体上看，以下几方面的挑战是比较大的：

第一，因为互联网金融，特别是大量第三方支付绕过了银行账户，实际上切断了银行和客户之间的直接联系。比如，Facebook（脸谱）有九亿多实名制的用户，加上现在蓬勃发展的搜索引擎、云计算、征信体系和移动终端，这九亿多用户中有些人有资金供给，有些人有资金需求，他们可以在网上实时报价，直接就完成了交易。所以，最可怕的不是第三方支付夺取了银行多少份额，而是它把银行和客户之间的联系切断了。我觉得这是我们首先感到的最大的危险。如果一个银行失去了对客户直接的联系，就没办法分析客户的习惯和需求，一个金融机构如果不了解客户需求的话，它可能是最危险的。

第二，互联网金融改变了传统金融的服务方式，它是通过网上交易、网上支付和移动支付，金融服务的可获性、及时性、便利性成为消费者的主要选择的。这样互联网金融就进入了消费者日常的生活。互联网金融具有应用场景化的特征，就是把看起来似乎没有关系的应用跟具体的场景结合起来，把用户的消费行为和有趣的、有吸引力的应用场景结合起来，比如腾讯的抢红包，背后实际上是绑定信用卡账户。所以，这种场景化的营销就使客户体验大大增强，这就远远比银行的柜台和客户经理的介绍更能增加客户的黏度。

第三，由于互联网互通互联的特点，互联网金融在很大程度上呈现开放性，这种开放性就使客户和企业能够直接进行交流，过去传统银行的内部渠道还是比较封闭的。现在互联网出现了很多众筹、众建、众创的平台，这些平台是开放的，产品的设计和开发是由企业和客户共同完成的，这就使互联网金融产品更加贴近市场，比银行在传统模式下开发的产品更符合客户需求。

第四，互联网金融更加普惠、更加民主，更加考虑到小众利益。所以，它可能更广泛地联系各种各样的客户，过去传统的银行绝对不会有一块钱的理财，但互联网就可以把大量的一块钱集中到一起，实际上我们可以把这理解为一种团购。它满足了普惠金融的需要，更能得到社会广泛的拥戴。总之，我觉得现实份额的分流，还不足以成为银行的心头之患，但是互联网思维、互联网商业模式所带来的挑战却是值得我们传统银行深思的。

我们特别应该看到，互联网金融和传统的金融具有各自的特点和优势，传统银行的优势是资金的优势、经验的优势，尤其是风险管理和渠道的优势，而互联网金融具有创造力和想象力，具有大数据和后发优势，他们之间有不同的目标客户群。所以，互联网金融和商业银行应该实现优势互补、相辅相成，不要过多地把对方看成敌人，应该看成是一个合作伙伴和竞争对手。金融的本质在于提高社会资金的配置效率，互联网虽然在虚拟的空间能够拉近距离，但是它不能带来一些人性化的关怀；虽然能产生海量的数据，但是目前还不能提供综合化的金融服务。所以，传统银行和互联网的深度融合是互联网金融和传统银行的优势互补，这是未来发展的方向。我们这样做了，就会使金融的服务面更加广阔，这也是社会进步的一个重要体现。

第六篇

企业家视野

我的底线与荣誉

王　石
万科企业股份有限公司创始人，集团董事会主席

非常荣幸在中欧建校20周年的活动当中，被邀请到这里来和同学们进行这样一个交流。我讲的题目是底线与荣誉，按照讲稿讲四个题目：七宝镇的稻田、诺曼底海滩、乞力马扎罗的雪和康桥赛艇。临来之前看到中欧的一些活动以及我们同学戈壁挑战赛的成绩，我感慨万千。七宝镇的稻田我讲的是底线，诺曼底海滩是讲荣誉，我把中欧的戈壁挑战赛放到诺曼底海滩里来讲。最后，我谈一下自己人生几个阶段的不同体会。

不行贿的标签

我从2006年6月开始讲起，当时某媒体在成立25周年的时候做了一个活动，向中国梦的实践者致敬，挑选八个改革开放的代表性的人物。很荣幸，我被当作企业家的一个地标入选。入选的理由，给了我三个标签：企业家、登山家和不行贿。我说"不行贿"是底线，怎么能作为一个标签拿出来呢？但既然提出来了，那我就选了"不行贿"的标签。不行贿的标签我还要带下去，这就是我的底线。那么这个底线给万科带来了什么？

回到1992年，我们的题目是改革七宝镇的稻田。1992年七宝镇的万科城市花园的稻田，差不多往上看100米，飞机轰鸣而过。我站在这块稻田上计算，飞机频率最高的时候是7分钟一架，现在3分钟一架了。那么要不要这块地？你要的话，它在航线上，不要的话，就没有其他的地。所以我们就要了。因为这块地的不利点是不适合人居住，但是有利点也是因为它不适合人居住，我不用拆迁。当时我也有一种投机心理，就是可以快速建造，建造了之后，推向市场只有要和不要两种选择。这样的话，我可以至少比同行快3个月交房，当时我们调查的对象是在日本的上海留学生，每年以7000人的速度回国，他们带多少钱我们都计算了，我们的销售对象就是他们。对他们来说，选择就是买或者不买。

现在万科城市花园住了二十多个国家的2.7万户居民，入住率为95%。为什么这些居民始终住在七宝镇没有换掉房子呢？这就是因为在设计理念上和售后服务理念上的成功。万科的城市花园是开放的，里面的配套服务，不仅为小区服务也为小区外面服务。当时我们设计了八家餐馆，而现在已经达到了一百多家。这不仅满足了里面居民的需要，还有很多外来的人到里面去消费。因为开放，它成了一个跨越万科小区的社区中心。也就是说你要引入现代经营理念，来平衡噪音带来的不利条件。

我们就是这样进入一个个城市，现在我们进入了六十多个城市，我们进入的城市，类似飞机航线上的，不只是七宝镇，各种案例都是别人不看好的，别人不要的。所以长期以来，万科都被称为郊区开发商，因为楼盘都是在城郊接合部的。但是我们知道，随着城市化的进程，随着市场化的向前推进，拿土地更多是招拍挂，招拍挂不需要太多的台下交易，价高者得，然后我们慢慢地进入市区，结果万科不会做了。你突然进入城市了，突然旁边就有超市、学校、医院，我们不知道怎么做了。当然我们要有一个学习的过程，学习如何在市中心做房地产项目。也就是说我们发现，不利都是相对的，有利也是相对的。正因为万科保持了底线，也拿不到好地，到郊区去，我们只有120%的精力来面对消费者，面对市场去研究，形成我们的竞争力。

这种竞争力很有意思，什么时候让你感受强烈呢？就是前几年万科开始进入美国市场，这张照片是我们在洛杉矶的第一个项目。因为我当时还是在哈佛，结果我去一看，我说万科成立二十多年了，从来没有拿过这么好的地。我们到美国去了之后，拿的第一块地是旧金山市中心的一块地。在美国，一切按照规则、法律，公开、透明，这是万科追求的，你这样做了之后，会发现一切很容易。

万科B转H

B转H，这对万科来说真的是百感交集。1993年我们发B股，到了2014年，我们才完成了B转H。因为B股要取消了，我们看到B股价格基本上低于A股30%，基本上失去了交易的功能，但万科B股高于A股，这是B股当中唯一的例外。也就是说国际投资者看好万科。那问题就来了，你现在B转H，必须要给投资者选择权，就是说，如果说我不愿意换呢？那你只有把它收回来，收回来的话，要按照市场价和溢价来收。当然那是一年多以前的事情，当时万科B股是12块多，还有溢价，而A股是8块多钱。B股就想，我是换现金呢？还是B股换A股？换现金的话，我就会得到12块钱，然后再去买A股，就可以赚3块多钱，所以消费者会情不自禁地换现金，这样的话，必须要有三个承销商来托底，这就变成私有化了，你不仅无法完成A股上市，还把B股私有化了。这个时候你上不上？你上可能会失败，你不上，我们也知道再往下熬结果会更坏。当天我们三家公司上市，万科B转H，两家新上市，因为市场不好，一声锣响，万科股价上涨8%，其他两家跌破发行价，第二天万科股票还是上升。为什么呢？就是因为你坚持符合国际惯例标准的做法，你真正这样做的时候，国际投资者是看好你的。所以有的时候，坚持底线会马上见效吗？不能。但是关键的时候，比如说投资，这一次B转H，香港股市上充分体现出来了。就是你坚持底线，坚信这个市场是规范的，是成熟的，它一定会规范、成熟地来对待你。

什么是底线

那么底线怎么来确定呢？我想所谓的底线，一是指一些忌讳不要去犯，二是维系社会正常运行的最低道德保障，或者说是在社会变革当中保持相对稳定的一个容量。简单来说什么是底线呢？

中国近现代商人胡雪岩不可不提。从现代角度来说，胡雪岩是典型的军商，和左宗棠关系很近。他搞钱庄的钱实际上就是湘军存的钱。所以左宗棠下去了，胡雪岩也就差不多了。但是我这里要说的是他的底线。胡雪岩办的杭州胡庆余堂是百年老店，童叟无欺，对社会有利。他作为一个商人，这个药店实际上是他当初的闲散之举，而恰恰就是这个药店让我们记住了他，其他的东西都忘记了。

说到底线，前几年特别火的《少年派的奇幻漂流》，电影当中比较含蓄地点出来，为了生存，他的代价是吃他母亲。电影的结果是一问一答式的。实际上那本书上是写得非常清楚的，他为了生存就要付出代价。那么他是坚守底线呢？还是破了他的底线呢？

我们说底线，特定环境非常重要。这是我在剑桥的自行车，你会发现没有座了。我觉得剑桥治安特别好，所以车随便往楼下一放就完事了，结果车底座被偷了。当时我首先想的是谁这么缺德干这种事，然后我就琢磨，看谁的自行车底座和我这个是一个号的，我就弄一个下来。后来，我一想无论你是出于什么原因，这都是盗窃。我觉得很可笑，人是多么脆弱，不是说底线吗？不能盗窃就是底线。真正在遇到事情的时候，你就那么容易打破底线。我们经常抱怨我们的社会，抱怨我们的现状，但是有时候我们还要问问自己的心，我们的底线是什么？

第二讲一下荣誉。

讲到荣誉，我想要谈一下戈壁挑战赛。这是中欧2007年参加的第一届比赛，并且取得了不错的成绩，在10个队伍中我们是第二名。好像第二年我们认为可以得第一名，结果不但没有得第一，而且只得了个第四。之后中欧连续四连胜，一直到2012年。2013年，在B队中有一个队员被狗咬了，在就医后重新返回坚持参赛。这位同学他为了什么？荣誉。大家不由分说地继续下去，实际上他当时处于非常不好的状态，但是他坚持走完。因为按照规定，如果一个人掉队全队的成绩就作废了，所以他坚持了下来。

我知道剑桥大学有一个教授专门教团队和竞争力。他另辟蹊径地从极端竞赛当中来考核、研究我们在商场经营当中这种到极端的时候是什么样的状态？什么极端呢？他选择了两个考核对象：剑桥大学赛艇队中的轻量级队伍和驻阿富汗英军。他分别观察赛艇队是怎么训练的，队员和学生是什么关系，以及这些队员到社会上的表现和其他人有什么不同。他对驻阿富汗英军的考核，就是观察他们在极端情况下的表现。因为底线不同，他的荣誉、他的对象也不一样。

我们再看一下万科，2013年万科营业额是1700亿元，2013年年底制定万科计划的时候，很多人都说至少今年增长到2200亿元，也有说是2300亿元的，我的意见是2000亿元。万科连续多少年都是第一。从1997年公司上市开始到2013年都是房地产行业的第一。我们的政策是不是要重新定义？是不是要保持第一？这和戈壁挑战赛中欧队出现的状况差不多，连续4年之后，现在别人要超我们，我们怎么办？作为万科，要有几个方面的考量。

实际上中国转型要转什么呢？从速度增长型到效率质量型转换。从速度到质量的考虑。刚刚讲到从1998年到现在一直是排第一的，如果说你排到第二了，哪怕是一个象征性的排名，从管理层到消费者可能在心理上都会有所变化。更多人会追问，你的诉求到底是什么？是一个结果还是一个目标？从这个角度来说，实际上它是一个结果，但是有了这个结果我设定目标，我不能说把设定的目标当成我的目标。

现在中国有这样一个问题，就是你一定要大。世界500强企业里美国有130家，中国有80多家，在可以预计的未来3年，中国世界500强企业会超过美国。这个用什么比较？当然量非常重要。但是万科一直在500强里面，如果说有前两家超过你了，那么房地产至少有3家进入世界500强。你把它作为终极目标还是作为经营当中的一个衡量数字？

前面的10年，我们把量看得过于重要了。我们看到下围棋，往往下一个子，对手已经考虑到后面。根据对手的习惯，这一个子就决定了我的战略，下这一个子时就要考虑后面的二三十个子。这和万科的2000亿元、2300亿元是一样的。我们考虑的不仅是今年达到2000亿元。明年多少，后年多少，大后年多少，这是一定要考量的。我们看到了，万科2000亿元计划没有变，现在快半年过去了。刚刚有的同学说了，现在万科已经达到了1000亿元。你会发现，那两个制定2500亿元目标的，一个是500多亿元一个是800多亿元，你一算那就有问题了。如果说万科制定的是2600亿元的话，现在是1000亿元，那就是没有完成了。包括刚刚那位同学讲的，从今年的形势来讲，可能2000亿元都悬，这也可能啊。你不能说捍卫你的荣誉，最后你保证不了。刚刚很多同学讲的我很赞成，包括更多对质量的考量，对股东投资者的考量，对利益相关者的考量。但是说好说，你已经连续多少年第一名了，要真回去了，那种复杂心态是不一样的。你设身处地之后是不一样的。所以我说中欧戈壁挑战赛是非常好的领导决策和团队的案例。但是就在这样一个挑战赛当中，按照欧洲制定的规则，人们确实容易钻空子，我们不能假定人心都是去自觉遵守的。

那么现在如何制定规则，让人们都遵守呢？我们来看一下万科。宝贵的一公斤。万科在推动运动方面，我们在乎什么？万科普及自行车和长跑运动，2001年开始，员工每年体能检测，公司和公司之间也竞争。但是我们最得意的是什么呢？2013年万科110位中国中层管理人员，平均体重减轻一公斤，这是万科诉求的。万科每一个公司的经理年底考核，如果你的员工体重额外增加了，要扣老总的管理分，影响奖金。

我们中欧有这么强的竞争意识、这样的组织能力、这样的荣誉感，我们是不是可以更增强内涵，让我们中欧国际工商学院和其他商学院完全不同。我建议我们除了参加戈壁挑战赛，再增加两项内容，其中一项是赛艇邀请赛。不瞒同学们说，三个小时之前，我已经发展了一名中欧的队员，这位队员是咱们中欧国际工商学院的一位教授，你们猜一下是谁？他是许小年。明年，我会作为戈10的参加者，再增加标准化、透明度很容易考量的一项赛事。还有一项赛事是什么呢？同学们建议，给没有可供赛艇训练条件的商学院再组织一个适合他们的比赛，最后既有单项冠军也有三项加起来的冠军。山地赛对中欧国际工商学院很不利，因为我们这里只有佘山。如何把赛事规划得很公平、很透明、很健康是最重要的。

对荣誉，从不同角度来说，人们的看法是不一样的。下面是西方对荣誉的看法。莎士比亚论述荣誉，有的时候把它形容得很神圣，有的时候又一钱不值。在《圣经》当中，荣誉相对金钱来说，肯定是第一位的。没有了荣誉，就等于躯体没有了灵魂。《威尼斯商人》里这样说：名誉啊名誉，我丢失了名誉就是丢失了生命当中最重要的部分，剩下的就是野兽本能。但是莎士比亚又说，名誉是空虚和骗人的东西，得到的时候往往不劳而获，丢失的时候又并不值得令人如此对待。对名誉我们可以从不同的角度、不同的文化、不同的宗教背景有不同的理解。

生命的选择

最后一部分要讲一下生命的选择。这是40年前的我，这是1992年的我，我也曾经年轻过。这是2005年的，这是2012年的我。我32岁到深圳，50岁之前成为企业家。我48岁辞去CEO职务，开始探险。因为少年时代受《鲁滨孙漂流记》的影响，非常向往这种生活。所以我开始做自己想做的事情。我59岁的时候第二次登上珠峰。我原来准备至少登三次，第三次是调整了几次，原来准备70岁，后来调整到72岁，然后又调整到78岁，后来决定放弃了。为什么呢？就是旁边的三浦雄一郎，我准备70岁登的时候，他71岁上去了，我就是冲着人类最大年龄登顶珠峰去的，所以我调整到72岁，所以有的时候说不争第一是假的。他77岁又上去了，我就调整到78岁。他80岁又上去了，我想算了吧。

你会得出结论，人要量力而行，即便你不服气。因为他的目标是一次又一次地登珠峰，但是我还不是这样。人生要有目标，而这个目标要不断地修正，人家高你要跟着高，但有时要学会退，有的时候做出退的决定比进的决定还要难。

我喜欢的运动不只是登山，还有帆船、皮划艇、滑翔伞等。我还有一个飞行滑翔伞的中国纪录，2000年我创造的盘高滑翔记录是6100米。14年了，没有人破，我估计再过10年也没有人破。我可以跟同学解释一下为什么没有人破。在我之前，中国飞滑翔伞纪录是4700米，创造纪录的地点是在太行山。那个地方最高的盘高纪录是4700米，他的飞行起飞高度是1100米。我创造的纪录是6100米，但是我的起飞高度是4500米，同学们会说，难怪，你站在巨人肩膀上起飞。我告诉你们，不容易的。拉萨海拔是3700米左右，到那里你就要头疼，一个礼拜不舒服，缓过来你也该离开了。像我这样的既爬山又飞滑翔伞的人很少。你知道4500米起飞的地点，我要背着20公斤的伞包三个小时。滑翔伞运动员根本做不到，但是我可以，因为我在是登雪山的。所以这个纪录非常难破。飞滑翔伞训练是很危险的。有一次我遇到了热气流，我拼命地往上盘，是为了创造这么一个纪录。当然我在最后下来的时候昏过去了，摔断了两根肋骨，但是到现在我还是非常热爱。

赛艇是工业式的划，和赛龙舟完全不一样。我喜欢龙舟，但是我更喜欢划赛艇。我60岁生日过完第二天到哈佛留学。生活非常艰难，典型的感觉就是后进生，这样熬了两年，熬到现在，就不那么郁闷了。然后到剑桥留学。我在哈佛和剑桥都参加了赛艇俱乐部。因为我很长时间没有训练了，左腿抽筋了，但是这种方法让我周身有一种愉悦感。我是骑自行车过去的，等回来的时候我是一瘸一拐的，但是我是哼着小调回去的，我就纳闷了，这是怎么回事。这个有一百多年的俱乐部的教练训练我的一种方法，我从来没有经历过。把你身体全部拉开，与其说是强化训练，还不如说是做了一种瑜伽，你会觉得很爽快，哪怕腿是一瘸一拐的。

后来第二次去，他说一个星期你愿意来几天都可以，我问他们一个礼拜训练几次，他们说5次。这是我从来没有遇到过的，风雨无阻，周一到周五早上5点到7点半。这时我才对赛艇运动有了新的认识：连续不断地进行清教徒式的训练，源于古希腊、罗马对人体和心智之间的一种关系的认识。在训练当中队员心和心的交流，这是我在剑桥之后体会到的。我想无论如何我的这种体会也一定要让中国企业家体会到。这也是我为什么倡议中欧商学院在走戈壁的同时，也要把赛艇比赛推广起来。

我们说人生，第一是你的出生受很大限制。第二你想做什么、不想做什么也有很大的限制。但唯一不受限制的是你选择的荣誉是什么，这决定了你怎么做。商学院教你的是如何做事的方法，但是在商学院这两年，可能给你更多的是改变你的人生，这比具体的方法论告诉你什么更重要。

我也是借此机会想发起中欧商学院的赛艇比赛。我举一个例子，中国的大学想效仿牛津和剑桥的赛艇比赛，连续搞了10年的赛艇对抗赛，结果无疾而终。如果说仅仅为了荣誉而进行，却没有基础的学校运动，结果一定是无疾而终。在这里我希望不仅有戈壁挑战赛作为中欧学生非常有益的户外活动，也希望增加一项活动，那就是赛艇邀请赛。

极致就是把自己逼疯

雷 军
小米科技创始人、董事长兼首席执行官

"少即是多，以少胜多"

在企业创业初期，专注非常重要。如果你有经验，你的这些经验在创业的时候，很有可能都是错的。举个例子。创始的创业者为什么容易成功？那是因为他们资源少，资源多对创业来说更容易失败。说到这里，可能大家有点儿不服气，我们穷得叮当响，什么都没有，怎么成功？如果资源多创业就能成功的话，那机会都是大公司的，因为他们有的是钱，有的是资源，对吗？

为什么没有资源创业反而更容易成功呢？这是因为，没有资源的现状会逼着你聚焦，逼着你少做一些事情，逼着你把问题想清楚。

当初，零资源的时候我们怎么办呢？我们总共干了两个半月，发布了第一个版本，当时只有14个人，我们就在想：手机有这么多的功能，我们怎么做？第一件事情，我们要把桌面做好，因为用户进入手机第一眼看到的是桌面；第二件事情，要把打电话、发短信、通讯录这三项功能做好；第三件事情，我们的手机桌面要有点儿特色，要做个性化桌面，并且能够换桌面。其实，我们就做了这三项功能。

2010年8月16日我们发布第一个手机版本，要求公司不投放广告，不做任何公关，就在论坛里发几个帖子，因为，我们想知道我们的产品到底好不好，所以第一个星期只有100个人用小米手机，但是我们两个半月干的活儿还是挺受大家欢迎，用户很快以每星期翻一番的速度增长，一年多的时间就到了50万人，然后，小米手机很快就在国际论坛上火了。

传统的软件研发项目过于复杂，干着干着就干偏了方向，所以一定要把这件事情简化到两三个月就能做完，而且这两三个月做完如果能解决某一些用户的最核心的需求，你的这件事情就可以做了。

专注，是很重要的一件事情，是我们每天需要不断地提醒自己的事情。我的观点是"少即是多，以少胜多"，初创团队资源很少，人也很少，尽可能少做事情，找到关键点，以少胜多。用手机举例。在诺基亚和摩托罗拉的时代，一个手机厂商一年要出60款甚至100款手机，手机的型号都是很复杂的，没有人记得住哪个产品的名字。但从苹果手机开始，产品型号简单得要死，但大家都记得住。"集中所有的精力做一款产品"的成功概率，肯定比"分散精力做100款产品"要高，所以，要集中所有的资源，认认真真做好一两款产品，这就是"专注"。

"极致，就是把自己逼疯"

什么叫"极致"？就是要做到别人都说好、别人达不到的高度和水准，把一个点做到极致。关于"极致"，我在很多场合讲过，就是做到

"把自己逼疯"的程度。我们在初期做手机的时候，不可能选所有的点进行突破，选准一个点进行突破，这样效果最好。我们以前发布的手机打的一个关键点就是"最快的手机之一"，当这个点被突破以后，消费者就会记住你!

"认认真真把一件事情做细，就会产生口碑"

小米靠口碑进行传播。很多人认为好产品就会有口碑，或者便宜的产品有口碑，或者又好又便宜的产品有口碑。如果你这么想，可能会很失望，因为你做了很多但是并没有产生预期的效果。什么产品有口碑呢？那就是"超越用户预期"的产品，产品带给用户的体验超过用户的心理期待，这样的产品才会产生真正的口碑。

我经常举海底捞的例子。海底捞开始大多开在比较偏僻的地方，装修也不怎么样，但口碑超好。以前在网上看到一个段子：客人夏天在海底捞吃完饭，服务员上来一个果盘，客人没吃完，问能不能打包带走。服务员说不能带走，当客人结完账，服务员给了他一整个西瓜，说切开的西瓜不卫生，如果想带走，我们给您打包整个西瓜。结果，一个西瓜就把那个客人感动得一塌糊涂。

其实，中国的用户特别好，你只要稍微做一点事情，就能超出他们的预期。中国绝大部分行业的服务水平都比较低，但海底捞的服务员笑得特别灿烂，我问一个四十几岁的女服务员为什么这么高兴，她说她四十几岁又下岗了，海底捞一个月给她四千多元，她睡觉都会笑醒，所以真的是特别认真，特别热情，特别激动。我觉得海底捞做得非常好。海底捞的张勇给我打过一次电话，说感谢我帮他宣传，我说不是我帮你宣传，是你真的做得好。所以，大家一定要相信，这个世界一定存在"口碑"两个字。

我们在做产品的时候，能不能在一两点上真的打动人，决定了我们是否能赢得用户的口碑。我觉得赢得口碑的关键点是能否超出用户的预期。如果你无法超出用户预期，那就别谈口碑了。

2013年，凡客遇到了困难，陈年曾经问我下一步该怎么干。我说你就踏踏实实回归初心，认认真真做衬衣，你把衬衣做好了就一定会有口碑。其实，衬衣要做好很难很难。为什么？我们过去做产品下的功夫不够。穿中国人自己生产的衬衣和西服，不知为什么总是感觉衣服不合身，但日本人生产的衬衣和西服穿上去好像就是挺贴身。

后来陈年去请教过日本的很多公司和专家。这些人做衬衣做了35年，在每个细节上都下了很大功夫。自己公司做好的衬衣，陈年觉得不错，后来向日本专门做衬衣的公司请教，结果人家提了一百多条意见。其中有一条意见是，坐地铁拉着勾环的时候，衬衣的边儿很容易出来，听对方讲的时候，会发现做这么简单的一件衬衣居然有这么多学问。

今天，整个中国经济在高速发展，所有的事情都做得不细，如果你真的认认真真把一件事情做细，就会获得我们所说的口碑。

"对用户，要快速沟通、快速反馈、快速修正"

其实今天在北京创业成本非常高，每个人都有机会成本，而且每天还在实实在在地花钱。在这样的情况下，你开发产品时要保持极高的速度，一定要想清楚能不能在两三个月或者最多半年就做出来，用户的需求和反馈能不能很快就有一个结果，你收到用户的反馈以后，能不能很快修正。现在的用户其实不怕你今天做的产品有问题，怕的是他给你提了意见你不能尽快给出足够的反馈。我觉得这是用户真正在意的。我们怎么能跟用户快速沟通、快速反馈、快速修正？这是关键问题。

解决这个问题，需要用到我们常讲的互联网"七字诀、四个词"——"专注、极致、口碑、快"。这七个字的核心就是口碑，这七个字可以指导你怎么做业务，怎么做产品。

在推广或者企业经营管理方面，我们还有一个很重要的理念，那就是"把用户当朋友"，让用户参与进来，帮你出主意。我觉得参与感在今天是很重要的一种情感。用户参与了，他会对这个东西有感情，他会花很多的精力来帮你。所以，怎么让用户参与进来，是很重要的一件事情。这种参与有一点像我们党讲的"群众路线"，你得相信群众，依赖群众，从群众中来到群众中去，当你真的踏踏实实这么做的时候，会发现用户跟你的情感不一样了。

当然，我们原来做的时候不知道有一个词叫"粉丝经济"，我们最原始的动力就是把用户当朋友，让用户参与进来。让用户跟我们一起干，这其实是接近于开源社区的一些做法。把用户当朋友，让用户参与进来，也能帮助口碑的产生和传播，所以，小米在创业的这几年里面，很好地实践了这两个维度：第一个维度是，做产品和做业务的"七字诀、四个词"，围绕营造口碑展开；第二个维度是，在用户层面，把用户当朋友，让用户参与进来，形成正向的口碑再循环。所以，我认为，这两个维度是经过小米实践后特别有效的一种方法论。

我们在改变中国

马 云
阿里巴巴集团董事局主席兼首席执行官
淘宝网、支付宝的创始人

　　大家好，今天能来到这里和大家见面，我感到非常荣幸。大约几个月前，斯坦福大学邀请我来演讲，这是我没有意料到的，因为这段时间有很多人谈论许多关于雅虎、阿里巴巴等的新闻，这个时间点来这里演讲非常敏感，但既然我做了一个承诺，我就得来。今天如果你有任何问题要问我，我都会一一回答。

　　今天是我来美国的第15天，而且我打算在这里待上一年，这个计划没有人知道，甚至我的公司也不知道。大家问我为什么要来这里，是打算为收购雅虎做准备吗？不，大家都太敏感了，我来这里只是因为我累了，经过过去的16年，我真的太累了。1994年，我开始创业，发现了互联网，并为之疯狂，然后放弃了我的教师工作，那时候我觉得自己就像是被蒙了眼睛骑在老虎背上，一路摔摔打打，但依然奋斗着、生存着。我在政府机关工作了16个月之后，于1999年创建了阿里巴巴，我们还幸运地拥有淘宝网、支付宝、阿里云和集团下其他的公司，所以，我开始创业16年后的今天，我决定休息一段时间，尤其今年的挑战实在是太大了，这也是我没有意料到的。

在中国，每12年会遇到本命年，2011年刚好是阿里巴巴在中国的第12年，也遇上了许多棘手的问题，好比今年年初因为供应商欺诈事件导致首席执行官辞职，还有VIE（可变利益实体）的问题，虽然我到现在仍然不知道什么是VIE，以及决定把淘宝分成四个公司。忙完所有这些事情之后我累了，我告诉自己，为什么不花一年好好休息，尤其2012年是我个人的本命年，所以，肯定明年会比今年更辛苦，我想花多一点时间好好准备，迎接更艰苦更困难的挑战，这样才能为未来3~4年的挑战做好准备。这3年如果有事情出了错，大家可以批评淘宝、阿里巴巴或阿里云的首席执行官，但3年后，如果有事情出了错，那就是我的错，所以我准备在美国花上一段时间好好思考和放松。

前两天，我开始再次练习高尔夫球，好好放松下，所以我来美国的目的真的不像大家揣测得那么复杂。阿里巴巴是一家非常幸运的公司，我没有任何背景，没有富裕的父亲，也没有很有权势的叔伯，根本想不到会有成功的机会。我记得1999年来到硅谷寻找资金，跟很多风投、资本家接洽，也去了Menlo Park一带开会，但是没有人有兴趣投资阿里巴巴，我被一一回拒，回到中国后，一点儿资金都没拿到，但我充满了信心。我看到了美国梦，看到硅谷的快速成长，看到许多公司的停车场不管白天还是黑夜，周一到周日，都停满了车，我相信这种快速的成长也会发生在中国。接着，我创立了阿里巴巴，如今12年过去了，取得了很多成绩，但在那之前，没有人相信B2B（是指进行电子商务交易的供需双方都是商家，使用互联网技术或各种商务网络平台，完成商务交易的过程）能够在中国得到发展。当时美国有名的B2B公司包括Ariba.com、BroadVision和Commerce One，这些公司主要的客户都是大公司的买家们。没有人觉得中国近期内会有大公司出现，而且大公司也不会有电子商务的需求，因为所有大公司都归于政府，他们只需要配合政府的政策就可以，但我的信念是，我们必须专注于中小型企业，因为未来是私营企业的天下，所以我们必须把重点放在小型企业上。

还有，美国大公司的B2B非常专注于买家，美国的买家们需要许多建议来帮助他们节省成本和时间，但我相信中国的中小企业们不需要这方面的帮助，它们比我们还厉害，懂得更多。我们应该专注于帮它们赚钱，把它们的产品外销出去。当时我们也遇到很多挑战，但12年过去了，今天全球有58万家中小型企业在使用阿里巴巴做生意。我们的生意模式和腾讯或百度相比可能并不是十分吸引人，我们并不靠网络游戏赚钱，但我们晚上可以睡得安稳，因为我们知道我们赚的钱并不是从网络游戏上来的，我们的收入是靠帮助小企业们成长赚来的，这点我感到十分骄傲。直到今天，我都没有为阿里巴巴赚了多少钱而骄傲过，我为我们影响和帮助了其他人尤其是中小企业主而骄傲！

在互联网出现之前，没有人可以帮助超过5000万中小企业主，但今天我们正在努力这么做。人们会对我说："马云，如果你能把阿里巴巴做好，那相当于你将好几吨羊运到了喜马拉雅山顶上。"我说："是的，我们还会把它们运下来，而且我们做到了。"

我的第二个公司是淘宝。大家都跟我说："天哪，你是在跟eBay竞争啊！"我说："为什么不可以？"中国需要一个电子商务网站，创建一个中国的网络交易市场需要时间和精力，所以，那个时候人们告诉我在中国做这个没戏，但我认为，如果你总是不尝试，你怎么知道没戏？所以我们尝试了。如果eBay是大海里的鲨鱼，那我们就是长江里的扬子鳄，我们不在大海里打架，只在长江里练练，一开始很困难，但很有乐趣，而且最后我们活下来了。一开始eBay占据了中国C2C（个人与个人之间的电子商务）市场的90%，但到了今天，我们拥有中国C2C市场90%的份额。我们很幸运，真的只是幸运。

今天，很多人在写阿里巴巴的成功故事，但我并不真的认为我们有多么聪明，我们犯了很多错误，当时我们还是很愚蠢的。如果哪天我要写关于阿里巴巴的书，我会写《阿里巴巴的一千零一个错误》，这才是大家应该记住和学习的事情。如果你想知道其他人是怎么成功的，这非常难，成功有很多幸运的因素，但如果你想知道别人是怎么失败的，你就会受益很多。我喜欢看那些探讨人如何失败的书，因为当你仔细去分析的时候，会发现任何失败的公司，它们失败的原因总是不尽相同，而这才是最重要的。淘宝成功了，接下来我们做了支付宝，因为大家都说中国没有信用体系，银行很糟糕，物流很糟糕，你为什么还要做电子商务？但我想正是因为中国落后的物流、信用体系和银行，我们才需要有创业精神。这就需要我们绘制自己的蓝图，我相信这件事情你先做了，然后就会慢慢地成为中国的标准。

我记得6年前我来美国的时候，我相信5年以后，中国网民的人口会超过美国。人们说这不可能，但我认为美国的人口只有3亿，而中国有13亿人口，如果你们有4亿人口，人们不停地生孩子，并且还不能有人口死亡，即便这样美国也需要50年的时间，才能有13亿人口。中国的网民人口5年内会超过美国，这只是一个时间的问题，今天，中国网络用户的人口已经超过了美国。然后又有人问我为什么你们的购买力这么低，人均每月消费大概只有200元人民币，我回答他们我们5年后再说，那时这些人会每月消费2000元人民币。我们很有耐心，而且我们还很年轻，虽然我老了，但我们的员工的平均年龄才26岁，他们还很年轻，所以让我们期待未来。

做支付宝的时候，大家说这是一个很傻的担保服务。张三要从李四那里买点儿东西，但是不肯把钱汇给李四，所以李四也不肯把货给张三，所以我们就开了一个账户，让张三先把钱汇给我，如果你对货物满意，我再付钱给李四，如果你不满意，就退货，我再退钱给你。人们说你的这个模式怎么这么傻啊？但我们不关心这个模式是不是傻，我们关心的是客户是不是需要这样的服务，我们是不是满足了客户的需求。如果这个东西很傻的话，今天中国就不会有超过6亿的注册用户用支付宝。所以，傻的东西，如果你每天都改善它，它就会变得非常聪明。今天支付宝发展得很好，支付宝和PayPal很像，但从交易量来说，支付宝比PayPal更强大。

最后，也是最重要的，是我们的阿里云计算，这个公司跟其他那些谈论云计算的公司不同，那些公司是想把它们的软件和硬件卖给你，但我们没什么可以卖的。我们通过云技术对来自中小企业、淘宝消费者、支付宝的数据进行计算。我们相信未来的世界将是信息处理的世界，如何很好地与他人分享数据，将是未来商业的核心。阿里云计算目前还不是很好，但盈利能力很强，整个公司很健康。一开始有人说这个公司不可能成功，但我们活下来了，并且对未来很有耐心。

我们总问自己一个问题，"为什么我们还要这么辛勤地工作？"有一天，我问我的同事同样的问题，他告诉我："Jack，首先，我从来不知道我这辈子还能做这么多事情。第二，我从来不知道我现在做的事情对社会这么有意义。第三，我从来不知道生活会这么艰辛。"我们没日没夜地工作，直到现在仍是这样，我变得更瘦了，而且长相也更奇怪了，我知道生活不是容易的事。10年前，当我走在街上，有人跑过来感谢我，因为阿里巴巴帮他们拿到了国外的订单，做成了国外的生意。今天，当我走在街上，有人过来感谢我，说他和妻子在淘宝上开了个小店，以此为生，并且收入不错。这对我来说，意义重大，我们将诚信变得有价值（你的诚信是可以变成钱的），许多年前，如果你有很好的信誉记录、交易记录，你可能还并不富有，今天，如果你在淘宝上有很好的信誉记录、交易记录，你将会非常富有，因为人们都愿意跟信誉好的店家做生意。有人跟我说："马云，我在淘宝上买了个东西，非常非常便宜，你说这是假货吗？是的，淘宝上有假货，假货在现实生活中无处不在，但我们付出了非常多的努力，投入大量的人力、物力来解决这个问题。在淘宝，有50%的工作人员每天的工作就是筛查侵权、伪冒商品。如果有一瓶红酒，在线下的商场里买要支付300美金，而在淘宝上只要9美金，为什么会这样？因为线下的商场还要支付渠道、广告费用。为什么消费者要为这么多其他费用埋单？这些费用我们帮消费者省了。如果你在淘宝上买一件T恤花了15元钱，在商场里要花150元钱，那不是因为淘宝卖得太便宜了，而是因为商场里卖得太贵了。我们应该帮助消费者变得更聪明。

第三点，也是非常重要的一点，我们看见中国有很多加工厂，尤其是在广东，它们仅仅做代工，然后在淘宝上卖代工的产品，它们不知道自己的销售渠道是什么，也不了解最终购买自己的产品的客户是哪些人。这种代工厂在遇到问题的时候（比如金融危机），会马上陷入困境，所以我们应该告诉这些生产者，你必须直接跟你的客户沟通，自己去做销售，自己提供服务，这才是真正的做生意，否则你就只是个加工厂。我们正在改变这些工厂，扭转这种局面，我感到非常自豪，这与财富无关，因为如果你有一百万，你是个富有的人，但如果你有一千万，那你可能就有麻烦了，你会担心通货膨胀，于是你开始投资，接着你就可能会遇到困难。如果你有10亿元，那这就不是你个人的财富，而是社会的财富了，你的股东、投资者认为你应该比政府更有能力有效地使用这些钱，于是他们信任你，那你怎样才能用好这笔钱，对得起他们的信任呢？我觉得这是我们所面临的挑战。阿里巴巴的产品其实并不是服务，是人，是我们的员工，我们的员工的平均年龄是26岁，就是这些平均年龄只有26岁的员工，制定了淘宝的"游戏规则"，我们从未有过这样的经历。

我们正面临许许多多的挑战，这些是我曾经所没有意识到的。曾有一位政府高层来公司访问，他对我说，如果淘宝有3亿用户，那就已经比政府管理的国家还要大了，我说是的，所以管理的难度非常大，不管我们制定什么样的新政策，都会遇到各种压力，都会有用户抱怨。如果我们改变一下，比如做搜索引擎，传统的搜索引擎会让卖得好的、最便宜的排在前面，但我们会让最有信用和信誉的排在最前面。曾有200个人来到我们公司对我说，我们会为改变游戏规则而付出代价，我的回答是，如果这个改变是正确的，我们就要做下去，眼前的这个世界，也是我们改造出来的。我们不需要不能服务于人的项目，我们需要社会学家、经济学家，让这些人来制定我们的政策和规则。我们还面临着许许多多的考验，但我们仍感到骄傲，因为我相信在21世纪，如果你想做一家成功的公司，你需要学会的是如何解决社会上存在的某个问题，而不仅仅是学会如何抓住几个机会。抓住机会是非常容易的，今天，阿里巴巴成立12年后，赚钱变得非常容易，但想要稳定地赚钱，并且对社会负起责任、推动社会的发展，这非常难。这也是我们正在努力为之的，我相信中国因为有了互联网，在未来的3年内会有很大的发展。今年，人们说很多中国股票因为VIE股价掉了很多，我相信，如果你看看其他地区的经济，比如美国目前正面临的巨大考验，比如欧洲经济可能已经无所适从，那中国会怎么样？所有发生在美国和欧洲的情况，三四年后也会发生在中国，那时，中国经济将面临巨大的挑战。如果你预感到了将会有糟糕的事情发生，那就从现在开始做准备，而不是到时候抱怨和哀号。作为互联网公司，我们必须承担起我们的责任。

我不是政治家，我只为自己说话，为我的客户——5000万中小企业主和800万淘宝卖家说话。他们在3年后要如何生存下去？这也是我此次来到美国想要学习的。向奥巴马学习，学习他如何增加就业机会，从错误中整理经验。3年后，用我们的方法，帮助我们自己，这就是为什么我会来这里。

卖情怀这事我不懂

周鸿祎

360 公司董事长、知名天使投资人

　　我刚从美国回来。我每年到美国去一次，主要是充电。因为我们中国的互联网行业虽然发展得非常蓬勃，大家也听到很多关于巨头的说法，但是其实这些说法跟自己没啥关系。我们互联网有这样的发展，我觉得其实更多地不在于创新，而在于人口红利。因为我们国家有最多的手机用户，哪怕只用很简单的生意模式，只要这么多用户一嫁接，就可以出现很多高水平的公司。但是如果要创新，我觉得真要到硅谷去看看。

　　首先，我在硅谷拜访了美国的很多VC（风险投资，这里指风险投资人），问他们怎么看未来的趋势。因为VC永远是在看未来的公司。第二，我会去看很多创业公司，他们讲靠谱或者不靠谱的各种想法，你就能感觉到眼界被打开了。我管这叫创新的充电。

　　这次在美国赶上谷歌宣传它的策略，我把这策略总结为美国最热的概念，叫IOT（Iternet of things），也就是我们前几年说的物联网。物联网这个词，我觉得不是很贴切，这个概念之前好像一直很热，但都是在炒概念，没有真正跟老百姓的消费和生活结合在一起。我倒是觉得IOT这个词很贴切，就是任何事物都要把它互联化，都要把它变成智能的设备，都要把它跟互联网连接起来。

还有个比较热的概念就是机器人，是指把很多产品连接进入云端，进行基于大数据的人工智能处理。比如深圳有一家公司叫大江，做四轴、六轴的无人机飞行器，加上云端的智能控制以后，其实在某种程度上讲那也是机器人，这就是把两个概念结合起来了。再来看谷歌今年发布的几个产品，如安卓和汽车的结合，安卓和手表可穿戴的结合，安卓和电视的结合，还有安卓和智能家居的结合，你会意识到一个新的时代到来了。

所以我很认同周总的观点，一个更让人激动的创业时代就要来临。很多创业者感慨中国互联网已经逼近，过去是把你咬死，现在是把你吃下去，垄断了更多的用户和流量，包括中国原来5亿电脑互联网用户，而且现在中国已经有10亿手机用户。所以我们必须立足现在看向未来，如果今天再跟小米比拼手机或者学巨头做什么即时通信，我觉得已经没有机会，应该把目光投向今天刚刚启动的项目，尽管它们可能在三五年以后才会真正爆发。我认为这才是很多创业公司的机会。

最大的机会是什么？试想，就算平均每人有1.5部手机，中国未来最多就是19亿手机的保有量，电脑可能就是6亿台，这些事情都是确定的。但是我告诉大家，如果未来你家里的每一个灯泡、每一个插座，你家里的所有家电，你戴的眼镜、手表，包括你能看到能想到的任何设备，如果都变成一个不叫手机的手机，内部都是有一个基于安卓的智能系统，并且都利用4G或者WIFI网络与云端连接起来，那么五年之内中国应该会有两百亿台设备连接到互联网上，这两百亿台设备每天都会产生巨量的数据。所以我认为，真正的大数据时代还没有来临。

想象一下未来，关于这一点，包括周总提到的重塑产业和重新发明，这里面会有巨大的机会。昨天我正好看到，有一个美国学者写过很多书，我很认同他的一个观点，说今天你做重新发明，看到任何硬件设备都要做两件事，第一是把它智能化，第二是把它与互联网相连接。其实还有一个就是把它云端化。所谓云端化就是说它的很大一部分逻辑和人工智能的处理是在云端，通过大数据进行处理。你会发现，很多现有行业都可以重塑或重新改造，所以我觉得这是巨大的机会。

很多人在谈机器人，谈自动驾驶，都期望人工智能技术有大的发展，但是实话说，传统的人工智能技术一直没有太大进展。倒是最近的机器翻译在语音识别、人脸识别方面取得了很多重大突破，却不是因为传统的人工智能，而是因为有了大数据。当我们利用海量数据来做大数据的算法分析的时候，会发现很多传统人工智能的问题其实就是利用大数据解决的。

这是我的第一个观点，我觉得对各位来讲这可能是一个新的互联网，1.0是PC互联网，2.0是移动互联网，3.0可能是无处不在的互联网，所谓的IOT。这是一个巨大的机会。

当然，这个巨大的机会里面其实也隐藏了很多挑战。特别是现在中国很多做传统实业和制造业的公司，通常被贴的标签是传统企业，他们可能也看到了巨大的机会和挑战，那么他们怎么来迎接这个挑战，而不是被互联网所颠覆？互联网现在对很多行业和产业都表现出了一种先破坏再建设的强大力量，很多行业已经被互联网所颠覆了，大家现在都有一种"互联网焦虑"。

在转型过程中，大家除了把设备智能化，还应该做点什么呢？我经常跟很多企业交流，如果你只是利用了互联网的技术，这是第一步。第二步是仅仅利用了互联网这种营销平台，比如说我去做电商，在淘宝和京东上开店，越过传统渠道去销售我的产品，我觉得这也是利用互联网的一个初级阶段，它是利用互联网的战术，而不是战略。

如何让你的企业真正从经营思想、从哲学意义、从"道"上，真正变成一个符合所谓互联网思维的企业呢？怎么做到互联网的创新呢？我想分享一些感受。当你转型互联网的时候，会发现做硬件不光是硬件公司的事情，在互联网公司里现在也有很多人血气方刚地做硬件，我曾经也拉过来很多不靠谱的小伙伴一块做手机，最后都以失败告终，但是在硬件上我们做了很多尝试，直到今天一直坚持下来。我觉得做硬件还是有蛮高的门槛的。

但做软件不一样，今天我这软件做得不太好就发出去了，用户给我反馈，然后我可以修改，因为软件本身是免费的，如果你觉得有问题，不用就好了。但是做硬件不是这样的。你发了一个有缺陷的硬件版本之后，因为用户是花了钱购买的，你会发现基本是灾难性的结果，用户会把你骂死，你想回收修改，但这意味着这批硬件全部作废。所以做硬件我觉得也是一个大坑。

有一个很有意思的现象。比如在东莞的很多工厂其实都能做硬件，在过去硬件行业利润非常微薄，竞争非常激烈，其实做得蛮苦的，最后能幸存下来的都是很优秀的企业，它们的销售额很高，但是因为它们没有互联网模式，即使最后能把硬件做出来，做得很有质量，一年也能有几十亿的销售额，可是公司的估值还是很低。另一方面，几个做硬件的小家伙可能在OEM硬件中加了一个互联网概念，尽管他们对硬件是怎么造出来的都还不太清楚，可是就因为加了一个互联网标签，我们熊晓鸽同志可能就去了，"我要给你投资"，最低一亿美元起！

这是开个玩笑。不过你会发现这中间有着强烈的反差，所以我的观点就是，互联网公司在新的浪潮下一定要与互联网硬件公司紧密合作。如果很多硬件企业能把握住这个机会，不仅能让自己的产品智能化，让自己的产品互联网化和云端化，也能让自己的企业商业模式，让自己企业本身揭下传统的比较低利润或者低水平的标签，这样的企业也能实现互联网化的转型，享受互联网里资本的回馈。

我也想跟很多做制造业和互联网的小伙伴有合作。我觉得要做互联网硬件，第一要有"用户至上"的概念。用户至上这个话题好像很老土，其实在传统行业里是没有"用户"这个概念的。大家仔细想想，我们过去是什么概念？是客户的概念。谁是客户？向我付钱的那个人。

其实天底下没有复杂的生意，我做的这个东西卖给你了，你向我付钱，这个买卖就完成了。但是在互联网环境下我认为这个观念还是要改一改。为什么？第一，对于你提供的某些服务和功能，用户未必会付钱，但是你还是要为客户做好服务，也就是说你要扩大你的影响力，不能只盯着那些可能给你掏钱的人，因为中国十几亿人不可能一开始都买你的硬件，可能一开始只有几十万人买，那么那些不掏钱购买你产品的人怎么跟你建立联系呢？这是你应该考虑的问题。

举个例子，大家看到小米手机大卖，却没有看到小米手机之前做了一个修改，对安卓系统的修改，让用户免费用。要做到在互联网上真正吸引住你的粉丝和用户，虽然这些人还不是你的客户，但是想有客户一定先有用户。我认为这是互联网的一个基本规律。

第二个更重要。如果你想真正转型成互联网企业，要知道互联网企业的本质是提供服务，所以你和用户之间的生意不能是一锤子买卖。过去卖硬件，往往通过广告宣传，实际很多时候是利用了信息不对称，靠花言巧语来说服用户买东西，很多企业就是希望这个用户永远不要找我了。传统卖电视的就是这样，认为用户再来找可能就是来维修或者退货，所以希望跟用户之间没有联系，觉得这种客户没有价值。但是真正的互联网是讲究用户关系的，你下载了我的软件，生意并没有结束，生意才刚刚开始；你拿到了我的硬件，我俩的关系也才刚刚开始。怎么通过硬件来提供持续不断的服务，最后把这个用户变成黏性用户，这对很多企业是个挑战。

比如最近乐视在做互联网电视，都知道电视行业竞争激烈，行业大佬人家做了二十多年电视，人家都是卖硬件的，他们今年就在电视里加了智能模块。但我认为并不是加了智能模块就变成智能电视了，你的生意有没有智能化呢？互联网没有底线，他们冲进来买一台电视，我相信，乐视70英寸的电视就算卖八千元钱也会有人乐意买，但我觉得这是亏的。客户买不买一台电视，已经从看尺寸、看外形，到看你的电视有没有很多片子可以看，如果没有那么多片子他们就不会买这个电视。过去只注重做硬件，就是直接把电视卖给你，现在电视厂家被逼得要干电视台的事情。这就是"用户"概念给商业模式带来的巨大挑战。

所以我们要去想，如何从一次性搞定客户，变成一直要联系用户。很多老人理解不了，觉得互联网这帮人在乱烧钱，像前一段时间的滴滴打车和快的打车，我自己也没分清谁是谁，他们就是不仅不要钱还愿意倒贴钱，据说很多人打车都是白坐，一个是一个月烧了十亿元，另一个是一月烧了十五亿元，其实他们就是为了让用户装自己的软件，为了让用户养成用自己的软件的习惯。这是转型互联网最需要注意的，互联网上的很多生意，首先就是要给用户创造价值，让用户觉得你这个东西是真的好，然后你就可以在互联网上真正赚到钱。

第二个关键词叫"体验"，体验为王。今天互联网真是拉平了世界的距离，让信息变得更加对称。我对传统广告一直是有微词的，很多都是基于信息不对称而做的，买的没有卖的精，所以中国人也慢慢开始警惕。但是互联网会让消费者对事实的真相空前地拥有了解的权利。过去我们在做产品的时候，往往在营销上有一个错误的思想，我们经常琢磨一些卖点，一些我们自认为是为了销售而引入的卖点，但是对于这个卖点，如果消费者在拿到你的产品后不能够感同身受，不能够真正体验到，那么消费者最初可能会为它埋单，后来就不会了。所以设计思路要改，不一定做很多功能，但是一定要想一想，在消费者拿到你的产品以后，有什么样的功能能给他一种惊喜，有什么样的功能能让他真切感觉到你给他创造了价值。

我举两个例子。曾经有一个运营商为了卖手机，说我的手机绿色环保、无辐射，但是他的手机做得不是很成功，为什么呢？因为对无辐射这个点，各位谁能判断？绝大多数人都感觉不到的。对于今天中国的手机之战，我认真地研究过，像华为做手机，我觉得中国很多传统厂商做手机都不比小米差，但是你会发现就是因为他们不太了解互联网中用户体验的概念，他们更多是宣传我的技术和想法，最后却无法为用户感知。比如，你说你的手机内部做到了什么样子，用户哪里会懂？相反别的手机都是跑个分，我们从小都知道100分比90分高。比如去年有一款手机可能叫什么7710、6630（我随便说的数字），我一听就晕了。但是像苹果就特简单，苹果6要出来了，6大还是5大？当然6大。所以我知道要把我的苹果5换成苹果6了。我们发现，在互联网里用户的感知是最重要的，你的产品再好，不被用户感知，就很难得到消费者的青睐。

第三个关键词叫"免费"，互联网里最可怕的武器就是免费，免费也是最难学的武功。我最近准备写本书，本来我想出一个名字叫《葵花宝典》，可是出版社不同意。第一页写的是，要想成功必先自宫，后来我加了八个字：即使自宫未必成功。免费是一把双刃剑，把免费用好了它可以帮助你快速前进；但是如果用不好，很多互联网公司被免费颠覆了。

互联网免费了，今天硬件也要讲免费。其实我跟大家讲的免费，是指在互联网里可以建立一个正常的商业模式。通过免费，可以迅速积累大量用户，我刚才讲只要有用户做基础，就可以在互联网中能找到很多方法，把用户变现。相反，没有用户基础，光在那儿谈模式是B2C、B2B，都是想象而已。不过我觉得，这一点不见得适用于所有硬件，对很多大众化的硬件，其实免费可能会是一种颠覆。

硬件免费有两层含义。第一，当你的硬件按照摩尔定律成本非常低的时候，你发现如果送这个硬件，能拿回的硬件的UP值会比用户成本高，比如电信的存话费送手机，其实是一种非常极端的硬件免费。比如谷歌，要知道谷歌为什么会做安卓，他们是在日本做过一个实验，发现如果把安卓手机的成本做到一百美元甚至更低，然后把手机发给用户，只要这个用户坚持用上一年，只要他用了谷歌的搜索，用了谷歌的地图，看了谷歌的视频广告，也玩了谷歌的游戏，每个用户的UP值是高于一百美元的（大概日本的人均消费能力比较强）。这意味着送硬件成为可能。但是对于绝大多数企业来说，他们会想，你别忽悠我了，一送就破产了。

还有一种硬件免费，就是硬件按照成本价进行销售，靠硬件本身赚得利润的可能很小。要知道现在的竞争非常激烈，不能再期望硬件能做出高额利润，利润一定是在降低的。我讲的都是大众化消费产品，看看这些年什么都涨价了，只有电脑、笔记本、手机是性能越来越强，而价格越来越低。所以今天很多创业公司做硬件，要做好一种考虑，你如果不这么做，你的竞争对手却有可能这么做，这样你无法应对免费带来的商业模式，这是很可怕的。

在互联网领域，当年我们做免费杀毒，很多人不理解，觉得这不是骗子吗，不是忽悠吗？实际上通过免费杀毒，我们不仅消灭了打击了竞争对手，更重要的是快速地把中国几亿互联网用户都变成了我们的用户，当年在"免费"中吃亏最多的公司叫金山，金山前董事长又是雷军，所以雷军同学在这中间吸取了教训，现在小米就是一个硬件免费的好例子。小米并不是免费送硬件，但是可能只有非常微薄的利润。小米出来，推出了双核手机1999元的价格，在很长时间里我认为没有对手，做生意最好玩的就是没有对手，当时任何手机厂商做了同样的手机，因为各种原因都卖到3000元以上。要知道对中国用户来说，高性价比永远是最有力度的。

有人跟我说，现在小米有品牌了，现在我们可以卖情怀了。怎么卖情怀这事我不太懂。我没有这能力，只能卖产品。即使是小米这么成功的公司，还出了红米这样699元的手机。在中国，硬件这种低利润甚至没有利润的竞争将会是常态。大家会问一个问题，既然都免费了怎么赚钱呢？要知道，做免费就是要做跨界。有一句俗话叫"羊毛出在猪身上"。过去你的生意简单，就是卖硬件，今天卖硬件不赚钱了，只是在获得用户，这时候就不能再把自己狭义地定义为做硬件生意。如果你不能跨界，生意可能就会被互联网硬件削弱，那么你可以通过合作，通过投资，通过多种方式，一定要做到跨界。比如说，将来卖手机的可能要通过手机游戏、手机阅读来挣钱，卖电视卖盒子的，要通过节目收费来赚钱。这对企业的核心竞争力，对企业做新业务的能力，提出了一个巨大的挑战。

讲到互联网创新，其实还有很多关键词，比如聚焦、快速，但是这些都是战术，如果让我来总结，有些互联网公司为什么被颠覆，或者有些公司为什么做了起来，有三个关键词。第一个是"用户至上"，如何把一次性的生意变成你跟用户的联系。第二个是"体验为王"，就是从单纯为了销售，到真正考虑怎么让用户拿到这个产品以后获得特别好的体验，让用户能够真正感觉到这种价值。第三，你要学会应对"免费"带来的挑战，同时要考虑能不能扩展你的生意，而在传统的生意中主动做到免费。

今天互联网的竞争如此好看，所有企业都在做跨界，每个人都希望把自己原来挣钱的生意免费掉，在此基础上建立新的挣钱模式。

所以这是最好的时代，也是最坏的时代，我相信有一个解决方法，就是合作。互联网公司短期内也许很难超越传统硬件公司，如何去寻找一种合作，在这个合作中要么慢慢进化，时间很漫长，要么靠突变，或者将互联网基因和传统硬件的基因结合，使得我们能做硬件的服务，为互联网模式建立新的商业模式。这里面有很多机会。我们每天在巨头的夹缝中生存，所以不可能什么事都做，我也有事情做不了，但是我有用户数，我个人的忽悠能力也不比雷总差，所以如果你们有好的硬件、好的想法，欢迎给我写邮件，我们可以帮你建立互联网后台云服务，更重要的是，我们可以一起来讨论，怎样把商业模式从传统硬件销售，从拿到微薄的利润，变成能够做互联网服务。很期待这样的机会。

在改变的时代改变自己

俞敏洪
新东方教育集团有限公司董事长

　　我们面临一个变革的时代。我有一个比喻，本来你想娶一个女人好好过一辈子，结果娶回家被窝还没有捂热，这个女人可能就被别人抢走了。在这个时代，任何权威和控制权都失去了意义。权威和控制权被消减其实是件特别好的事情，因为在权威和控制权的社会里，创新和发展是扯淡。我喜欢微信，不是因为它好用，而是它消减了移动、联通和中国电信三大运营商的影响力，让它们失去垄断市场，让中国人民一年省下接近千亿元的费用。

　　在这样的一个时代，个人英雄主义重新来临，任何一个英雄都有可能出头露面。原来不管你有多么英雄，都要权威点头才能露出水面；今天任何人只要有才能，都能找到露面的机会。这5年来，创新和创业人士的不断涌现，是社会更加宽容和灵活的一种表现。移动和互联网的发展，给整个社会带来了对创新能力的宽容、对创新能力的支持，让大家有了发现自己的机会，这是让人特别欣慰的事情。

面对这样的时代，生生死死变成了常态，这个时代的经济会不断发展，成功人士会不断涌现，但是个人的失败也会加快步伐。有太多人冒出来，他们比你更厉害，有太多人比你更加知道如何应用移动互联网等新技术。面对这样的时代，只有两种人：一种人想办法集中自己的所有资源，灵活变革，继续保持地位；另一种人束手无策，必须随时做好被他人取代的准备。

失败，不是因为你做出了错误的商业决策。今天，不管你做出多么正确的商业决策，你的事业都有可能死掉。因为你变革的基因不在原来成功的基因里。原来新东方成功靠个人努力、个人讲课能力、个人辛辛苦苦奋斗的能力，但是今天这种能力没法跟互联网、移动技术相结合。未来要想让新东方更加成功，就必须更换我本人的基因，同时更换整个新东方的发展基因。原来成功的基因面对新的时代已经不再是新的成功的保障，甚至变成障碍，更换基因这个坎儿过不去，你的企业基本上就会死掉。

诺基亚是先例。触屏技术是诺基亚第一个发明的，比苹果公司早很多，但为什么诺基亚没有制造出智能手机？因为技术变革与原来的团队基因相抵触，当整个团队熟悉原有的运作系统，并且可以靠原来那一套拿着很多钱过得很舒服时，你让他们改变非常难。

改变有两点：第一，让人重新动脑子。动脑子不是想吃什么饭、穿什么衣，而是变革自己和变革自己做的事情，想新的做法，革自己的命。试问，有多少人重新动脑子了？人的思维惯性非常严重。第二，就算意识到要重新动脑子，行为上能不能改变？这也不太容易。举个例子。我有一个下属非常能干，但说话总是伤人，我不断跟他谈，他也真动脑子想了，以后绝对不伤人，每次伤人就自抽耳光，但是他经常控制不了的行为惯性，脸都快打青了还改不过来。就算个人行为能改过来，当你还有一个团队时，你能不能把团队思维改过来，这依然是件难事。整体的改革必须靠绝大多数人接受才能够成功。

我的亲身体会：一是改变自己的思维惯性非常难；二是意识到不得不变后，行为没有跟上思想，思想往右，行为往左；三是如果我们的思想和行为一致了，怎么动员团队跟我们一起走？在这个过程中，你可能失去了很多机会，眼看着新生代超过你。诺基亚就是这样被赶超的，苹果将来也会面临这样的情况。苏宁电器也在面对这个挑战，所以苏宁董事长张近东下决心一定要改，就算苏宁易购不赚钱，也一定要改革。改可能是死路，但不改一定是死路。所以我现在做好了准备，宁可在改革的路上死掉，也不愿死在原来成功的基因里。

2013年11月16日，新东方在人民大会堂召开20周年庆典。所有人在感慨新东方20年的不容易时，只有我一个人陷入焦虑和痛苦之中，因为我知道未来20年新东方不好走，过去的成功跟未来的成功没有任何关系。所以当天晚上，我就把新东方150个重要管理干部拉到北京郊区，封闭思考，讨论未来20年的发展步骤，重建新的商业模式。

目前，百度、阿里巴巴、腾讯全部组建了教育平台，三家公司的创始人都是我的朋友，却毫不犹豫地冲进了我的领域，他们很不地道，也不和我商量一下，我从来不对朋友做这样的事情，但这就是商业。只要看到有机会就去抢，恰恰在抢的过程中新的模式诞生了。在你死我活中，这个社会也随之进步了，所以我不反对竞争。下一步我也会去抢。

新东方培训教育到底是面授教育还是线上教育？地面体验和线上体验哪个更便捷？未来的发展趋势是什么？我和我的团队必须认真思考。方向稍有差错几个亿就下去了，回都回不来。而且我背后有三万人的团队，如果我愿意走，那三万人愿意跟我一起走吗？这可能意味着一半人会失业。社会在不断提出新的要求，不变不行，所以遇到再大的困难也需要不断改变自己。

这个世界不断在变，但有些东西你不能变。做一件事时，你必须要考虑是否热爱这件事。我从来没有发现一个人做一件事情就是为了赚钱，最后还能够做得特别成功的。你一定要从心底认可你做的事情，有信念的人面对失败和挫折，不会轻易放弃。

我赋予自己两个使命：第一，必须为中国教育做点事情，这是我对自己一贯的要求，我从来没有计划要对中国房地产做点事情，中国不需要再多一个房地产商。我对自己的定位非常简单，如果给我这一生下个定论，我唯一的希望是我是一个老师、一个教育工作者。第二，我深刻意识到能促进中国社会变革的只有一种力量，这种力量不是老师，不是知识分子，也不是政府官员，这种力量是商业。商业背后是人类愿意接受的规则，不要一想到商业，就想到互相欺诈、互相骗钱，会有这样的情况，但商业更多的是创造价值。只有中国的创业家、企业家越来越多，中国社会才能真正转型。像我这样的人必须为中国商业发展做点贡献，让社会有契约精神，消除特权，平等透明，公平竞争。

中国有太多创业者需要鼓励，我不懂商业模式，但我可以鼓励大家，在这里我建议大家保持几种心态：

第一，不要怕生生死死，做任何事情只要命不丢就行了，你来到这个世界的时候就是赤裸裸的，怕什么？

第二，缺什么东西就去要，就像看见喜欢的女孩就去追，追不上是你运气不够，但不追一辈子后悔。当年，我最不起眼的学生跟我要资源，第一次，我不回信，可到第五次时，我必须回信，要不然良心过不去。以前我跟政府部门打电话，对方不同意我就放弃了，后来我从这个学生身上学会了，一次不行求两次，两次不行求三次，求到第10次，还不行就再请另一个人继续求。这个世界上95%的事情，只要有勇气和胆量，加上死不要脸就能成功。

第三，紧跟时代，否则不管你做的事情多么牛、多么好，都有可能失败。比如很多人很有理想，想开书店，但书店已经跟不上这个时代对新商业模式和新需求的步伐，跟不上就只能退出历史舞台。我现在最担心我跟不上时代，但我一直在努力，如果哪一天新东方死掉了，只要大家记住俞敏洪还活着就行，我还会努力东山再起。

最后，变革自己，不要指望任何人，也不能指望任何人，天下从来就没有什么救世主，能挽救我们的，只有我们自己。

财新丛书
Caixin book series